김 경 필 의
오 늘 은 **짠 테 크**
내 일 은 **플 렉 스**

김경필의 오늘은 짠테크 내일은 플렉스

1판 1쇄 발행 2022. 7. 29.
1판 5쇄 발행 2023. 12. 10.

지은이 김경필

발행인 고세규
편집 심성미·임여진·김애리 디자인 지은혜 마케팅 백선미 홍보 이한솔
발행처 김영사
등록 1979년 5월 17일(제406-2003-036호)
주소 경기도 파주시 문발로 197(문발동) 우편번호 10881
전화 마케팅부 031)955-3100, 편집부 031)955-3200 | 팩스 031)955-3111

값은 뒤표지에 있습니다.
ISBN 978-89-349-6168-0 03320

홈페이지 www.gimmyoung.com   블로그 blog.naver.com/gybook
인스타그램 instagram.com/gimmyoung   이메일 bestbook@gimmyoung.com

좋은 독자가 좋은 책을 만듭니다.
김영사는 독자 여러분의 의견에 항상 귀 기울이고 있습니다.

김경필의

오늘은 짠테크

제대로 혼쭐나며 배우는 재테크 기본기

내일은 플렉스

김경필 지음

김영사

차례

혼쭐 1단계
고치기

헉! 테러블! 잘못된 소비습관 바로잡기

혼풀 2단계
모으기

이 험한 세상, 1억 원도 없이 살아남겠다고?

혼쭐 3단계
굳히기

내 집 없이는 재테크도 없다

혼쭐 4단계
불리기

재테크, 제발 이것만은 알고 하자

인플레이션 위기
어떻게 넘어야 할까

요즘 어디서나 빠지지 않는 주제가 바로 '인플레이션'에 관한 이야기다. 현실로 닥친 고물가 때문이다. "월급만 빼고 다 오른다"라는 말이 나올 정도다. 2022년 7월 소비자물가지수는 6.3%로 24년 만에 최고치를 기록했다. 그야말로 "헉!" 하는 탄식이 절로 나오는 수치다. 그러니까 과거 100만 원으로 살 수 있었던 것을 이제는 106만 원을 내고 사야 한다는 말인데, 이렇게 얘기하면 잘 와닿지 않는 게 사실이다.

그렇다면 이렇게 생각해보면 어떤가? 인플레이션 6.0%란 300만 원이었던 월급이 하루아침에 283만 원이 된다는 뜻이다. 모두가 원치 않는 임금 삭감의 고통이 우리 앞에 닥친 것이다. 더 큰 문제는 이런 인플레이션이 전쟁 같은 일시적 원인 때문에 발생한 게 아니라는 사실이다. 10년 넘게 지속된 전 세계적 초저금리, 그리고 경제 위기와 코로나19 극복을 위해 시행한 재정

확대가 근본 원인이다. 따라서 인플레이션은 단기간에 해결하기 힘든 과제다.

이런 상황에서 우리는 이제 어떻게 해야 할까? 우리 앞에 놓인 인플레이션은 절대 극복할 수 없는 넘사벽 레벨의 에베레스트 같은 산은 아니다. 하지만 트레이닝복 바람에 운동화를 구겨 신고 가볍게 넘을 수 있는 동네 뒷산이 아닌 것만은 분명하다. 우리는 당분간 허리띠의 구멍 한 칸을 쭉 잡아당겨 졸라맨다는 마음으로, 신발 끈도 다시금 질끈 동여맨다는 마음으로 이러한 위기를 넘어설 각오를 해야 한다.

나 혼자 간다면 무척이나 길고 힘들겠지만, 우리 모두가 함께 걸어가야 할 길이다. 개인차는 있어도 어쨌든 우리 사회에 이 문제로부터 완전히 자유로운 사람은 거의 없기 때문이다. 그래서 내일의 플렉스를 위해 오늘의 플렉스를 잠시 내려놓아야 한다. 그리고 짠테크, 아니 현명한 돈 관리가 불가피하다. 아울러 무엇보다 경제관념을 바로 세우는 시간이 필요하다. 바로 그것을 위해 이 책을 썼다.

짠테크란 무엇인가? 슬기로운 소비생활을 위해 소비 다이어트를 실천하는 것이다. 건강한 몸과 멋진 몸매를 위해 다이어트를 하는 것처럼, 돈 관리에 있어서도 다이어트가 필요하다. 다이어트가 운동과 식이요법이라는 고통에 자발적으로 참여하는 행위이듯 소비 다이어트도 마찬가지다. 운동하며 살을 빼면 좀 더

먹지 못하는 아쉬움을 뛰어넘는 삶의 활력소가 생긴다. 짠테크역시 이를 실천하다 보면 소비가 줄어드는 아쉬움보다 우리가무심코 했던 아주 작은 소비에 대한 소중함이 더욱 커진다. 이에 따라 한 번의 소비와 만족이 극대화되는 놀라운 경험을 하게될 것이다.

그동안 마음이 흐트러졌다면 다시금 새롭게 다잡고 돈 관리에 있어서만큼은 정신 줄을 놓아서는 안 된다. 그런데 사람의습관이란 정말로 무서운 것이라서 과거의 잘못된 행동을 알면서도 자꾸만 반복한다. 우리가 무심코 해왔던 너무나도 잘못된소비 습관, 불필요한 허영심을 어떻게 바꿔나갈지 고민해보자.이런 문제의식이 위기 극복의 출발점이다.

KBS joy 채널 경제 예능 〈국민 영수증〉에는 "저 좀 혼내주세요"하며 영수증을 보내는 사람이 굉장히 많다. 그들은 왜 혼나기를 자청하는 것일까? 그들도 자신의 소비생활에 문제가 있다는 사실을 잘 알고 있기 때문이다.

필요한 것에 돈을 쓰면 아무 문제도 일어나지 않는다. 필요 없는 것에 돈을 쓰는 사람도 있느냐고 반문할 수 있다. 하지만 그들의 영수증을 살펴보면 요즘 사람들이 필요하지 않은 물건을싸다는 이유로 얼마나 많이 사는지 알 수 있다. 쿠폰이 있어서,할인 혜택이나 사은품에 혹해서 산다. 이것이 바로 자본주의 마케팅의 힘이다. 여러분은 그런 적이 없는가?

필요한 것이란 무엇일까? 첫째는 (있으면 좋은 것이 아니고) 없으면 안 되는 것이다. 둘째는 예산상 계획되어 있는 것이다. 꼭 있어야 하는 것도 이번 달 예산에 포함되지 않는다면 기다려야 한다. 셋째는 당장 대체재가 없는 것이다. 다른 것으로 대체할 수 있다면 필요가 없는 것이다.

그런데 현대인은 행복해지려고 돈을 쓴다. 당신 또한 그런 적이 있을 것이다. 음식도 배고파서가 아니라 '홧김에' '열받아서' '남친과 싸워서' 등 다양한 이유로 배달시킨다. 나빠진 기분을 이전 상태로 되돌리고자 돈을 쓰는 것이다. 음식을 먹으면, 쇼핑을 하면, 여행을 떠나면 기분이 나아질까 싶어서 말이다.

나의 멋진 일상을 세상에 전하기 위해 일부러 이런 '플렉스'를 하는 경우도 있다. 명품족, 호캉스족, 캠핑족, 미식족 등이 멋진 시간을 보낸 증거를 SNS를 통해 널리 브로드캐스트한다. 당신은 주로 필요한 데 돈을 쓰고 있는가? 아니면 주로 행복해지려는 데 돈을 쓰고 있는가?

그런데 행복해지려고 돈을 쓴다면 100% 실패한다. 오히려 행복과 멀어지기 때문이다. 실제로 많은 사람이 소비와 행복은 비례하지 않는다고 고백한다. 왜일까? 행복이란 어떤 행동을 통해 얻을 수 있는 것이 아니기 때문이다. 정말일까?

뇌과학자들의 연구에 따르면 사람은 미래의 희망과 가능성이 증가할 때 가장 행복감을 느낀다고 한다. 물론 쇼핑을 하거나 외식, 여행 등 기분 좋은 일에 돈을 쓸 때도 행복감을 느낀다. 이처럼 즐거운 엔터테인먼트의 세계를 접하면 뇌에서 도파민과 아드레날린이 분출된다. 하지만 도파민과 아드레날린은 일시적이고 순간적인 행복감만 줄 뿐이어서 만족감이 그리 오래 지속되지는 않는다.

반면 일상에서 느끼는 행복, 산책을 하거나 길가에 핀 꽃을 볼 때 느끼는 기분 좋은 감정 같은 것들은 세로토닌이란 호르몬을 분비시키고 지속적인 행복감을 준다. 이런 특별할 것 없는 평범한 일상이 행복하게 느껴지는 이유는 무엇일까? 그건 바로 자신의 삶이 정상적인 궤도로 잘 나아가고 있다는 안정감 때문이다. 이러한 안정감은 당장 강렬한 즐거움을 주는 것은 아니지만 미래에 대한 희망이 증가한다고 느끼게 한다.

희망과 가능성을 키울 수 있지만 당장은 고통이 따르는 활동을 기꺼이 받아들여 이겨낸 뒤 느끼는 성취감과 보람 뒤에는 말로 표현하기 어려운 기쁨이 따라온다. 대표적인 활동이 바로 공부, 운동, 저축이다. 모두 대부분 사람이 하기 싫어하는 것이다. 그러나 이런 활동을 하는 동안 고통을 잘 참아온 사람들은 그것이 주는 진짜 행복을 잘 안다.

늦은 밤까지 도서관에서 공부하고 별을 보며 집으로 돌아갈 때 느끼는 왠지 모를 뿌듯함, 적금 통장에 돈이 차곡차곡 쌓이는 걸 보면서 입가에 번지는 흐뭇한 미소, 땀 흘리며 운동한 후 찾아오는 기분 좋은 피곤함에는 큰돈이 들어가지 않는다. 그러나 이런 것들은 미래의 희망과 가능성을 증가시키기 때문에 소비로는 맛볼 수 없는 진짜 행복감을 준다.

그런데 플렉스를 남발하면 당장은 즐거워도 한 달 후 카드 영수증이 날아들었을 때 급격히 우울해진다. 다시 말하면, 행복해지려고 돈을 쓰면 쓸수록 아이러니하게도 행복해지지 않는다. 마이너스가 늘어나는 만큼 미래의 희망과 가능성이 줄어들어 그만큼 행복과 멀어지고 마는 것이다.

그러니 제발 필요한 곳에 돈을 써라! 그러면 분명 지속적인 행복을 느끼게 될 것이다. 필자는 이런 변화를 이루고 싶어서 기꺼이 회초리를 맞겠다는 사람들을 제대로 혼쭐내줘야 할 필요성을 강하게 느꼈다.

플렉스flex 소비, 즉 '탕진잼'에 푹 빠지는 것이 아니라 '절약잼' '저축잼'으로 나아갈 수 있도록 우선은 뼈 때리는 회초리를 들어볼 생각이다. 그리고 어디서 어떻게 아끼고 모을지 또 어떤 방법으로 소중한 돈을 관리하고 불려나갈 것인지 인생의 소중한 레슨을 진심을 다해 담았다. 지나치게 집중하다 보면 반복되는 뼈 때림에 정형외과를 찾게 될 수도 있으니 주의하길 바란다.

머니 트레이너 김경필

김경필의

오늘은 짠테크

내일은 플렉스

혼쭐 1단계
고치기

헉! 테러블!
잘못된 소비습관 바로잡기

플렉스가
소확행이라고?

요즘 젊은이들 사이에서 유행처럼 번지는 소비문화가 플렉스다. 과거 세대들이 결혼과 내 집 마련이란 현실적 목표에 집중했던 것과 사뭇 다른 모습이다. 지금의 청년 세대는 결혼이 점점 불확실해지고 집값은 '넘사벽'이 되어버렸기 때문에 돈을 모아 무엇인가를 이루겠다는 목표 자체를 잃었다. 세상은 전보다 훨씬 좋아진 듯 보이지만 청년들이 느끼는 좌절감과 우울감은 그 어느 세대보다 크다.

젊은이들은 그런 현실의 좌절과 우울감에서 탈출하기 위해 과감한 소비를 시도하고 있다. 각종 SNS에서 자신의 삶을 모르는 대중에게 그대로 노출하고 일상을 매일같이 방송한다. 여기에는 멋진 소비가 빠질 수 없는데, SNS에 올리는 사진에 자주 등장하는 해시태그가 바로 '소확행'이다. 소확행은 일본 소설가 무라카미 하루키가 《랑겔한스섬의 오후》에서 처음 쓴 말로, 갓 구운 빵을 손으로 찢어 먹을 때, 서랍 안에 반듯하게 정리된 속옷을 볼 때 느끼는 행복처럼 바쁜 일상에서 만끽하는 작은 즐거움을 뜻한다. 그러니까 소확행이란 플렉스와는 완전히 정반대 의미다. 그런데도 많은 경우 과감한 플렉스를 소확행이란 말로 표현한다. 왜일까?

큰 소비를 하고 마음이 완전히 편안한 사람은 많지 않다. 큰 소비에는 본능적으로 불편함과 염려가 따라붙기 때문이다. 그런 마음의 짐을 해소해서 그 소비를 스스로 편안하게 받아들이도록 나 자신을 설득할 만한 명분이 필요하다. 따라서 자신을 설득하기 위해 "1년에 딱 한 번인데 뭐" 또는 "한 달에 딱 한 번인데 어때" 식의 표현을 하고 '고생한 나에게 주는 상'이라며 자기최면을 건다.

회초리 토크

> 과소비를 소확행으로 포장해 자신에게 면죄부를 주지 마라.

소확행小確幸의 뜻을 그대로 풀어보자면, '작지만 확실한 행복'이다. 우선 소확행이 되려면 '작을 소小', 그러니까 일단 작아야 한다. 여기서 작다는 것은 일상에서 매일 벌어지는 일 중 자신을 행복하게 하는 소소한 것들을 의미한다. 특별하고 쇼킹한 이벤트가 아니다.

길을 걷다 발견한 작은 들꽃이나 동네에서 마주친 강아지 혹은 예쁜 풍경, 특별하지 않지만 저절로 미소 짓게 하는 것이 바로 소소하고 확실한 행복이다. 하루가 멀다 하고 카페에서 디저트를 먹으며 에스프레소를 마시고 비싼 물건을 사들이는 건 소확행이 아니다. 애초에 '작을 소'와는 거리가 있기 때문이다.

뇌를 연구하는 뇌과학자들은 인간이 느끼는 행복감은 다양하지만 미래의 희망과 가능성이 증가할 때 오는 행복이 가장 지속성 있다고 말한다. 비싼 식당에서 고급 요리를 먹거나 재미있는 오락과 유흥을 즐길 때도 행복감을 느끼지만 이것은 도파민과 아드레날린이 분비되며 생기는 일시적인 행복으로 쾌감에 가까운 것이다.

반면 땀을 흘리며 운동하거나 내일을 위해 공부한 후 느끼는 성취와 보람, 그리고 일상의 소소한 행복은 세로토닌 분비와 이어지기 때문에 같은 행복감이어도 만족에 더 가깝다. 다시 말해, 소확행은 쾌감보다는 만족감에 더 가까운 표현이다.

소득수준에 맞지 않는 플렉스를 소확행으로 포장하지 마라.

자신의 상황에 맞지 않는 과한 소비는 통장의 잔고를 떨어뜨려 미래의 희망과 가능성을 줄어들게 한다. 따라서 일시적으로는 플렉스로 행복을 느낄지도 모르지만 그 행복은 뒷맛이 영 씁쓸하고 염려나 걱정이 따라붙는 그야말로 '불확실한 행복'인 것이다.

그러니까 소확행이라 생각하고 한 플렉스 대부분은 작고 확실한 행복이 아니라 크고 불확실한 행복, 즉 '대불확행'이 되고 만다. 멋진 플렉스 사진에 '소확행'이란 해시태그는 그만 붙이도록 하자.

그렇다면 어디까지가 과소비, 플렉스이고 어디까지가 '슬소생(슬기로운 소비생활)'인가? 간단하다. 세상에는 세 종류의 돈이 있다. 첫째는 벌어놓은 돈, 즉 과거 자신이 벌어 모아둔 돈이다. 둘째는 벌고 있는 돈, 현재 자신의 소득이다. 셋째는 아직 벌지 않은 돈, 미래의 불확실한 소득이다.

과소비란 이 3가지 돈 중 둘째인 현재 소득이 남아나지 않을 정도로 소비하는 것과 셋째인 아직 벌지 않은 미래의 불확실한 소득을 미리 당겨서 소비하는 것을 말한다. 돈을 벌지만 저축하지 못하고, 통장 잔고가 떨어져서 이달에 모두 결제하지 못해 할부를 긁는 모든 소비가 여기에 해당한다.

반면 슬소생이란 소득의 일부를 소비하고, 피치 못할 일로 큰돈이 필요하다면 과거 벌어놓은 돈으로 소비하는 생활을 말한다.

머니 트레이너의 한마디

HAPPINESS의 어원인 HAP은 HAPPEN(우연한 일이 발생하다)과 같은 의미다. 결국 행복이란 일상에서 우연히 발생하는 것에서 비롯한다는 뜻이다. 행복은 절대 의도한 일에서 생겨나지 않는다.

한 달 커피값이 40만 원, 실화인가?

이정현(미혼·28세·웹 디자이너) 씨는 사회 초년생이다. 혼자 자취 중이라 월급 240만 원 중 고정비만 170만 원이 나가기 때문에 목돈을 만들 수 있는 큰 저축은 엄두를 내지 못하는 형편이다. 물론 월급이 적고 독립생활을 하니 당연히 그럴 수 있다고 생각할지 모른다. 하지만 돈 모으기를 소홀히 하면 앞으로 월급이 올라도 월세살이에서 벗어나기 힘들다.

고정비 내역을 살펴보면 월세 40만 원, 대출이자 10만 원, 교통·통신비 20만 원, 주식비 50만 원, 공과금 10만 원 등 반드시 써야 하는 항목이 대부분이다. 하지만 고정비 중 특이하게 눈에 띄는 항목이 있었으니 바로 스타벅스 비용이다. 그것도 무려 월 40만 원. 헉! 테러블terrible!

그녀는 최근 재택근무를 하는 와중에도 매일 집에서 5분 거리인 스타벅스까지 가서 커피를 마신다. 그리고 그곳에서 식사와 커피를 해결하며 오전 대부분을 보낸다. 언젠가부터 커피뿐 아니라 텀블러 등 굿즈에도 재미를 붙여서 요즘은 스타벅스에서 소비하는 비용이 월 60만 원을 훌쩍 넘길 때도 있다. 스스로도 너무 과하다는 생각은 했지만 특별한 취미가 없는 자신에게 이 소비만 한 소확행은 없다고 생각하며 위안 삼고 있다.

이처럼 스타벅스가 젊은이들 사이에서 하나의 문화로 자리 잡은 지도 벌써 오래되었다. 가끔은 사무실을 벗어나 사람들 사이에서 일을 하면 의외로 집중이 잘 될 때도 있다. 이처럼 많은 사람들이 비싼 가격에도 매장을 찾아 커피를 마시는 것을 보면 스타벅스에 무언가 독특한 매력이 있음은 분명한 듯하다.

그 매력은 과연 무엇일까? 스타벅스는 1999년 이대 1호점을 낸 이래로 매장 수가 폭증해 2007년 200호점, 2009년 300호점, 2012년 500호점을 돌파했다. 급기야 2020년대에는 전 세계적으로 찾아온 불황에도 괄목할 만한 성장을 이루어 2022년 1분기 기준 전국 매장이 1,639개까지 늘어나며 대한민국 커피 문화를 평정했다.

1999년 첫선을 보일 당시만 하더라도 아메리카노 톨 사이즈 가격은 2,500원이었다. 이는 인스턴트와 자판기 커피 문화가 주류였던 1999년 당시 한 잔에 100원 정도이던 평균 커피값에 비해 무려 25배나 비싼 가격이었다. 그때 서울 지하철 요금이 400원이었다는 사실을 감안하면 커피 한 잔이 지하철 요금의 6배였던 셈이다. 이렇게 가격이 비쌌기 때문에 스타벅스를 자주 찾으면 '된장녀'라는 비아냥을 듣던 시절도 있었지만, 지금은 아무도 그런 말을 하지 않는다.

스타벅스가 이처럼 성공한 이유는 단순히 커피를 판매할 뿐 아니라 문화와 공간을 세일즈한다는 철학을 갖고 있었기 때문이다. 이에 따라 회사와 집이라는 다소 단조로운 공간을 오가는 현대인에게 휴식과 문화적 감성을 충전할 수 있는 새로운 공간으로 어필했다.

스타벅스는 이제 삶의 공간 중 하나로 자리 잡아 일상의 일부로 받아들여졌다. 무료 와이파이나 전원 플러그를 잘 배치해 노트북 등 전자 기기를 사용하기 편리한 구조로 탈바꿈하면서 더 이상 커피만 마시고 가는 곳이 아니라 업무를 볼 수도 있는 공간의 대명사가 되었다.

필자는 커피값을 아껴 저축하라는 말을 하고 싶지는 않다. 지금 커피 한 잔을 마실 수 없을 정도로 일상의 행복을 포기하는 사람이 미래의 행복을 위해 노력할 리 없기 때문이다. 재테크도 미래에 행복해지고자 하는 의지가 있는 사람이 하는 것이다. 특히 현대인에게 커피는 단순한 음료가 아니라 문화적 소속감과 정체성을 확인하는 매개이자 일상이기 때문에 커피 한 잔도 사지 말라는 말은 설득력이 떨어진다.

 다만 현재 이정현 씨처럼 자신의 소득 중 약 20%를 커피에 사용하는 것은 말도 안 되는 일이다.

회초리 토크

모든 소비에는 소득에 걸맞은 기준이 필요하다.

 이정현 씨가 지금처럼 월평균 40만 원 정도를 커피값으로 사용한다면 1년에 500만 원, 그러니까 1년에 두 달 치 월급이 커피 향과 함께 사라진다. 더불어 전세 혹은 내 집 마련의 꿈도 그와 함께 사라진다.

 스타벅스의 커피 가격에는 공간 사용 비용도 포함된 만큼 누군가와 만나거나 어쩔 수 없이 사무실 밖 공간에서 미팅을 해야하는 상황이라면 커피를 마셔야 한다. 하지만 그런 경우가 아니라면 커피 테이크아웃에 제한을 둘 필요가 있다.

 사무실이나 집에 커피가 있는데도 스타벅스에서 혼자 커피를 마시거나 테이크아웃하는 일이 잦으면 안 된다. 이런 문제를 인식조차 하지 못한다면 그것은 혼쭐 좀 나야 할 문제다.

 그렇다면 커피에 얼마나 소비하는 것이 적당할까? 모든 소비에는 소득에 걸맞은 기준이 필요하다. 커피는 큰돈을 들이지 않아도 괜찮은 사무실에서 마시고, 피치 못할 상황이 아니라면 집과 사무실 외의 다른 장소에서는 마시지 않는 것을 원칙으로 한다. 다만 그렇지 않은 상황에서도 한 달에 3~4잔 정도는 마셔도 된다. 문화생활 차원에서다. 그 이상은 안 된다.

아마 개인에 따라서 다르겠지만 이런 원칙만 지켜도 직장인이라면 사흘에 한 번꼴로 스타벅스에서 커피나 음료 등을 마실 일이 생기고 말 것이다. 그렇다고 해도 한 달에 15잔을 넘지 않도록 해야 한다. 한 잔당 평균 5,000원이라고 계산하면 월 7만 5,000원 정도다.

이정현 씨를 기준으로 하면 한 달 커피 3~4잔 소비는 소득의 3%에 불과하다. 지금 소득의 20%를 스타벅스에 쓰는 것이 얼마나 말도 안 되는 소비인지 이렇게 보면 쉽게 알 수 있다.

놀랍게도 이 원칙만 따라서 스타벅스에 가더라도 골드 등급을 유지하고 각종 이벤트에서 프리퀀시로 이벤트 굿즈를 받는 데 전혀 문제가 되지 않는다. 기억해라! 소득의 3%를 소비하는 것만으로도 스타벅스 마니아가 될 수 있다.

회초리 토크

커피는 월 소득 3% 이내, 테이크아웃은 월 5잔 이내로!

이 원칙은 오히려 커피 한 잔의 가치를 올려준다. 어느 날 갑자기 아메리카노가 쓰고 맛없게 느껴진다면 컴플레인을 걸지 마라. 매장 직원들의 솜씨가 나쁜 것이 아니라 당신이 아메리카노를 너무 자주 마셔서 그렇게 느낀 것뿐이기 때문이다. 그냥 습관처럼 마시지 말고 예산을 정해 적당히 간격을 두면 더 좋은 풍미와 분위기를 느낄 수 있을 것이다.

머니 트레이너의 한마디

필자가 가장 좋아하는 영어 단어가 있다. 바로 SAVE다. SAVE는 3가지 의미가 있는데 바로 '아끼다' '모으다' '구원하다'라는 뜻이다. 아끼고 모아라. 그것이 여러분의 미래를 구원해줄 것이다.

월급 300만 원에
벤츠 뽑은 사람이 있다?

2021년 한 아파트 지하 주차장에서 발생한 화재가 큰 이목을 끌었다. 강남 한복판도 아니고 지방 소도시 주차장에서 피해 차량 수백 대 중 외제차가 무려 170대나 되었기 때문이다. 그중 벤츠만 100대였다.

이젠 외제차가 흔해져서 그야말로 발에 차일 지경이다. 최근엔 국산차도 프리미엄 브랜드만큼은 잘 팔린다고 하는데, 외제차가 너무 많아진 탓에 이제는 오히려 외제차가 스왜그swag하지 않다는 인식이 있기 때문이란다.

회초리 토크

> 우리나라 사람들은 자기 소득수준보다 3단계 높은 차를 탄다.

얼마 전 만난 박철우(미혼·31세·B전자) 씨는 평택의 한 중견 기업에서 생산직으로 근무하고 있다. 집은 서울에 있지만 2년 전 취업에 성공한 이후 평택으로 내려와 기숙사에서 생활하고 있다.

늦은 나이에 취업에 성공한 터라 이제라도 열심히 돈을 모아 경제적인 안정을 이뤄야 하건만 웬일인지 취업하고 얼마 되지 않아 떡하니 벤츠를 뽑았다. 주변에서는 "헐~ 대박!" 하며 감탄사를 쏟아냈다. 부모님이 서울에 계시고 여자 친구도 만나야 하니 수시로 서울을 오가야 해서 기동성이 필요하다는 설명이다.

주말에는 차가 막히니 KTX나 전용 차선을 달리는 버스를 이용하는 편이 더 낫지 않을까 싶지만 기동성은 핑계고 사실 그의 목적은 외제차 그 자체였다. 흔히 '외제차는 승차감보다 하차감이 좋다'는 우스갯소리가 있다. 차에서 내릴 때 보여주는 멋진 모습과 남들에게 받는 그 시선 같은 것이 바로 하차감이다.

그는 오랜 취업 준비로 지친 심신을 달래고 지방에서 근무하는 답답함과 스트레스를 해결해줄 쇼킹하고 파격적인 이벤트가 필요했던 것 같다고 말했다. 멋진 외제차라면 일상의 무료함과 우울감을 한 방에 날려줄 수 있을 거라 생각했건만 지금은 되레 그 차 때문에 큰 고민에 빠져 있다.

현재 박철우 씨의 월 소득은 300만 원 정도. 생산직은 초과근무나 특근을 하면 수당을 추가로 받는다는 것을 감안해도 월급

300만 원에 6,000만 원이 넘는 차를 사고 보니 할부금과 유지비로 한 달에 150만 원은 족히 들어가는 듯하다. 사정이 이렇다보니 차를 사고 1년도 지나지 않아 생활비에 유지비까지 마이너스가 눈덩이처럼 불어났다. 이제는 차가 짐스럽게 느껴지기까지 하는데, 고가의 외제차를 타면서도 고작 기름값 몇 푼 아끼려고 조금이라도 싼 주유소를 찾아다니는 자신의 모습에 어떤 때는 자괴감이 들기도 한단다.

게다가 엎친 데 덮친 격으로 최근 회사 사정마저 어려워져 생산 라인이 종종 중단되고 있다. 이러다 월급이 제때 지급되지 않을 수도 있다는 소문이 돌아 그를 더욱 불안에 빠뜨리고 있다. 그렇다고 산 지 1년 조금 넘은 차를 팔 수도 없다. 현재는 찻값의 감가 때문에 차를 팔아도 할부금과 마이너스를 모두 정산하기에는 부족하다. 그래서 이러지도 저러지도 못하는 진퇴양난의 상황에 빠져버린 것이다.

이런 고민이 박철우 씨만의 문제는 아니다. 놀랍게도 중고차 딜러에게 이런 사연을 들려주면 "요즘 아주 흔한 일인데요"라고 말하며 비슷한 고민을 토로하는 사람이 무척 많다고 귀띔해준다. 요즘 젊은이들 중에서는 무리하게 차를 구입하고 뒷감당을 하지 못해 울며 겨자 먹기로 버티는 일명 카푸어가 허다하다고 한다. 도대체 무엇이 어디서부터 잘못된 것일까?

> 당신은 지금 월 소득 몇 배 정도의 차를 타는가?
> 또는 월 소득 몇 배의 차를 관심 있게 보는가?

우리는 보통 "소득을 한 푼도 안 쓰고 몇 년을 모아야 무엇을 살 수 있다"라는 식의 비유를 많이 한다. 보통은 금액이 얼마나 큰지 강조하기 위해 사용하는 비유법이다. 박철우 씨는 자신의 월급을 한 푼도 안 쓰고 1년 8개월간 모아야 하는 금액에 해당하는 차를 산 것이다.

하지만 정말로 소득을 한 푼도 안 쓸 수 있을까? 이는 비현실적이다. 그러니까 좀 더 현실적으로 접근하자면 6,000만 원짜리 차는 소득의 절반 정도를 쓰고 나머지를 정말 열심히 모았을 때 무려 3년하고도 4개월이 지나야 살 수 있는 차다. 한마디로 월급 300만 원에 외제차를 산다는 건 미친 짓이다.

박철우 씨의 소비는 그야말로 말도 안 되는 '테러블' 소비였다. 그런데 이 단순한 진리를 그는 왜 애써 외면한 것일까? 갖고 싶은 장난감을 사달라고 엄마에게 떼쓰는 어린아이도 아니고 그가 한 행동은 철없기 그지없다. 정말로 자신의 월급을 모아 3년 4개월 만에 차를 샀다면 혹시 모르겠지만 말이다.

물론 3년 4개월 만에 6,000만 원이란 큰돈을 모으는 사람도 분명히 있다. 하지만 아이러니하게도 그런 사람은 그렇게 모은 돈으로 절대 6,000만 원 하는 차를 사지 않는다.

이제는 소비를 좀 해도 될 것 같은 사람은 정작 돈을 쓰지 않고 바짝 돈을 모아야 할 사람이 오히려 돈을 허투루 쓴다. 사실 빈부의 격차는 사회구조의 문제만이 절대 아니다. 빈부 격차는 가난한 사람은 자꾸만 가난해지는 행동을 반복한다는 사실에서 비롯되기도 한다.

회초리 토크

> 차는 파생 소비의 끝판왕, 파생 소비 예술의 극치다.

차를 사면 차량 가격을 지불한 것으로 소비가 끝나지 않는다. 차를 사면 따라오는 연쇄 소비가 끝도 없이 일어나기 때문이다. 일명 '3료 6비 12금'이 그것이다.

3료 6비 12금

3료	보험료, 통행료, 과태료
6비	주유비, 주차비, 수리비, 세차비, 대리비, 발레파킹비
12금	취득세, 등록세, 부가가치세, 개별소비세, 주행세, 지방교육세 등 세금

보통 차량 가격의 1~1.5% 정도가 월 유지비로 반드시 들어간다. 6,000만 원이라면 세금을 포함한 유지비로 월평균 60만 원

정도 들어가는 셈이다. 연간으로 계산하면 720만 원, 10년이면 7,200만 원이다. 또 10년간 차를 탄다고 했을 때 10년 후 차량 평가 금액은 구입가의 20%이다. 그동안 80%인 4,800만 원이 사라지는 것이다.

거기에 앞서 말한 10년간 유지비를 더하면 1억 2,000만 원이 된다. 지금 6,000만 원짜리 차량 구입 계약서에 사인하면 6,000만 원이 아니라 앞으로 10년간 그 2배인 1억 2,000만 원을 소비하는 데 사인을 한 셈이다.

회초리 토크

6,000만 원짜리 차를 사면 과연 얼마를 소비한 것일까?
실제로는 1억 2,000만 원을 소비한 것이다.

6,000만 원짜리 차량 구입으로 발생한 소비

10년 동안 80% 감가 후 차량 잔존가액 1,200만 원	4,800만 원
10년 월 유지비 60만 원×12개월×10년	7,200만 원
	총액 1억 2,000만 원

그럼 내 소득에 걸맞은 차는 과연 어떤 것일까? 굳이 차를 사야 한다면 다음과 같은 원칙을 지켜야 한다. 그래야 유지비가 월 소득의 5~7% 이내로 유지된다. 만일 내 집이 있는 경우라면 월 소득 7개월 치 정도의 차를 구입해도 된다.

직장인의 차량 구입 원칙

| 내 집 마련 전 | Max 월 소득의 4개월 치 차 구입 |
| 내 집 마련 후 | Max 월 소득의 7개월 치 차 구입 |

　최근 월급 300만~400만 원을 받는 젊은이들이 구입하는 차종이 대범해지고 있는데 정말 말도 안 되는 일이다. 차를 몰고 다녀야지 모시고 다니면 되겠는가? 아직 월급 300만 원 이하인 경우 꼭 BMW를 실천해야만 한다. BMW란? Bus, Metro, Walk, 즉 버스와 지하철을 타거나 걸어 다녀야 한다는 뜻이다.

회초리 토크

월급 300만 원 받는 사람이 차를 사는 것은 망하는 지름길이다.

소득에 맞는 차종(내 집이 있는 경우)

월 소득	차종
2,000만 원 이상	벤츠 G바겐
1,500만~2,000만 원 미만	포르쉐 박스터
1,000만~1,500만 원 미만	BMW X4, 벤츠E클래스
700만~1000만 원 미만	제네시스 G80
500만 원	K5
400만 원	아반떼

300만 원	레이
300만 원 미만	BMW(Bus, Metro, Walk)

타는 차를 보면 그 사람의 무엇을 알 수 있을까? 대개는 경제력, 부유함 같은 단어를 첫 번째로 떠올린다. 과연 그럴까? 금융 시장이 발달한 미국 사회에서는 좋은 차를 타고 다니는 사람을 절대로 부자라고 생각하지 않는다. 누구나 금융 서비스의 도움으로 좋은 차를 탈 수 있기 때문이다.

대신 아메리칸 익스프레스 카드를 쓰는 사람을 보면 엄지를 치켜세운다. 이 카드는 리볼빙 서비스가 매우 제한적이어서 다음 달에 카드 대금을 모두 결제해야만 하기 때문이다. 요즘은 차종으로 그 사람의 경제력을 알 수 없는 세상이다.

회초리 토크

타는 차를 보면 그 사람의 허세 지수를 알 수 있을 뿐이다.

머니 트레이너의 한마디

인생이란 뜻의 영어 단어 LIFE를 잘 들여다보면 맨 앞 L과 끝 E 가운데 IF가 들어 있음을 알 수 있다. 살아 있는(LIVE) 마지막 순간까지 만약(IF)으로 이루어진 것이 인생이란 것이다. 삶이 만약이라면 정해진 것은 없고 결국 당신이 어떻게 살아가는가에 따라 모든 것이 달라진다. 제발 당신의 미래를 우연에 맡기지 마라.

명품 쇼핑을 멈추지 못하는 당신,
STOP!

얼마 전 백화점에서 층마다 어떤 매장이 있는지 둘러보던 중 명품 브랜드만 모여 있다는 층, 그중에서도 한 매장 앞에서 발걸음을 멈추게 되었다. 요즘 가장 핫하다는 바로 그 C 브랜드 매장이었다. 그래, 도대체 어떤 물건이길래 수백만 원, 아니 수천만 원이나 하는지 궁금증이 생겼다.

　호기심에 구경해보기로 마음먹고 들어가려는데 직원이 가로막으며 입장 예약을 해야만 한다고 말했다. 코로나19로 인한 방역 때문인가 싶었지만 꼭 그런 것 같지는 않았다. 그보다는 구경조차 함부로 하지 못하게 하려는 의도라는 느낌이 들었다. 어떤 식으로든 진입 장벽을 높여 아무나 접근하기 어려운 브랜드라는 이미지를 주려는 듯한 마케팅에 더 가까워 보였다.

그런데 대기 인원을 보고 놀라지 않을 수 없었다. 평일 낮에 대기 인원이 무려 197명이었다. 이것이 바로 명품의 위용인가! 매장 구경은 포기할 수밖에 없었다. 믿을 수 없는 광경이라 사진까지 찍었다.

사람들이 명품을 갖고 싶어 하는 이유는 다양하다. 본인의 겉모습이 명함이 되는 시대에 좋은 차나 명품이 자신을 돋보이게 한다고 생각하기도 한다.

하지만 아이러니하게도 정말 돈이 많은 사람들은 명품에 그다지 관심이 없다. 자신의 경제력으로 언제든 가질 수 있는 것이기 때문이다. 그러니까 명품이란 가질 수 없는 사람들이 더 열광하게 마련이다. 누구나 쉽게 가질 수 있다면 그것은 이미 명품이 아닐 테니 말이다.

이제는 구경하는 것조차 줄을 서서 한참 기다려야 할 정도로 인기가 높은 것이 명품이다. 그래서인지 요즘은 명품 구매 대행 사이트가 유행이다. 명품도 이제는 평생에 한 번이 아니라 마치 마트에서 물건을 담듯 자주 이용하는 쇼핑 품목이 되어가는 것이다.

박지수(미혼·33세·E약품) 씨는 약대를 졸업하고 제약 회사에서 연구원으로 근무하는 전문직 종사자다. 그녀는 얼마 전 결혼을 준비하는 대학 동창과 이야기를 나누던 중 그 친구가 신혼 생활을 할 아파트를 샀다는 이야기를 들었다.

말로만 듣던 영혼까지 끌어모아 집을 산다는 '영끌' 경험담을 실제로 들으니 놀라지 않을 수 없었다. 그렇게 많이 대출을 받아서 집을 샀다는 점이 놀라운 게 아니라, 친구 커플이 모았다는 액수가 상상을 뛰어넘었기 때문에 놀란 것이다.

친구가 샀다는 아파트 가격을 계산해보면 친구 커플이 손에 쥔 돈은 최소 4억이 훌쩍 넘는다. 친구는 자신이 열심히 돈을 모은 데다 남자 친구가 주식 투자 같은 재테크에 능하다는 말을 덧붙였지만 그래도 어떻게 그렇게 큰 돈을 모았을까 궁금했다.

지수 씨는 큰돈을 모았다는 친구 커플이 실로 대단해 보였다. 그리고 친구보다 연봉이 훨씬 높지만 손에 쥔 돈은 친구의 반의 반도 안 되기에 묘한 열등감을 느꼈다.

그러지 않아도 그녀는 얼마 전부터 '이렇게 쓰고 살아도 되는 것일까?' 하는 회의감에 빠진 적이 있다고 한다. 아직 결혼 상대를 만나지 못했지만 만일 결혼을 한다면, 아니 최소한 독립이라도 한다면 목돈이 필요할 텐데 이대로는 안 되겠다는 생각도 들었다.

그녀가 저축보다 소비에 더 많은 돈을 쓰기 시작한 것은 명품 컬렉션에 열중하면서부터다. 지난 7년간 직장 생활을 하면서 사 모은 명품이 헤아리기 어려울 만큼 많았다. 현재 가지고 있는 것만 해도 의류를 제외하고 그 가치가 5,000만 원이 넘었다. 헉! 테러블!

처음엔 그녀도 흔히 '짝퉁'이라고 불리는 가품을 샀다. 워낙 여러 종류의 물건을 모으다 보니 진품은 가격이 부담스러워서 사지 못했던 것이다.

그런데 몇 년 전부터 리세일 시장이 활성화되면서 리세일 가치가 꽤 높아졌다. 물론 리세일 가격이 구입가보다 한참 싸지만 신제품은 사고 쓰던 물건은 되파는 방식으로 여러 종류의 명품을 사용해볼 수 있게 되었다. 이처럼 명품 유통 시장이 활성화되다 보니 이제 더 이상 가품은 사지 않게 되었다고 한다.

실제로 명품 브랜드들은 고객이 갑자기 증가해 희소성이 떨어지는 것을 우려해서 물건의 수량을 제한하고 그 대신 가격을 대폭 올려왔다. 또 잠재 고객을 위해 가품 시장을 제재하지 않고 오히려 방치하는 전략을 써왔다. 가품을 사는 고객이라면 언젠가 자신들의 충성도 높은 고객으로 성장할 것이라고 계산한 것이다.

그녀는 이런 자신의 소비 성향을 개선하기 위해 몇 번이고 다짐했지만 번번이 그 결심은 무너졌고 명품을 사는 습관에서 벗어나지 못했다. 연봉 7,000만 원이면 매우 높은 소득임에도 7년 동안 번 돈을 다 쓰고 남은 돈은 1억 남짓뿐이었다. 그것도 부모님과 함께 거주한 덕분에 고정비를 절약한 결과였다.

코로나19 팬데믹으로 해외여행이 원천 봉쇄된 2년을 제외하면 해외여행도 매년 두 번씩 꼬박꼬박 다녀왔다. 여행 횟수가 줄어든 2년간 소비가 줄어든 것도 아니다. 코로나19로 해외여행이 어려워진 만큼 명품 의류나 가방을 사는 데 더 많은 돈을 사용했다고 한다. 일종의 보복 소비 같은 것이다.

"명품은 없는 사람은 있어도 하나만 가진 사람은 없다"라는 말이 있다. 처음에는 딱 한 번으로 시작하지만, 그 세계에 입문하면 그전에 몰랐던 새로운 세상이 펼쳐지듯 하나둘 명품을 사모으게 된다. 부자가 되는 행동을 하는 것이 아니라 그저 부자흉내를 낼 뿐인 행동을 하는 것이다. 그만큼 명품 가방이나 액세서리, 옷이나 구두 등은 한 번의 소비로 끝나지 않는다. 파생소비로 이어진다. 옷이나 가방을 사면 모임에 나가야 하고 그것을 걸치고 여행을 떠나야 한다.

사람들이 명품을 사는 현상을 베블런 효과veblen effect라고 하는데 사실 이는 적절한 설명은 아니다. 베블런 효과는 상류층이 자신의 부를 과시하기 위해 고가의 사치스러운 물건을 사면서 가격이 올라도 수요가 줄어들지 않는 현상을 일컫는 것이기 때문이다.

지금 우리가 말하는 것은 상류층이 명품을 소비하는 행태가 아니라 재정 상황이 좋지 않은 사람이 명품을 소비하는 말도 안되는 행태다. 따라서 그보다는 파노플리 효과panoplie effect라고 해야 적절하다. 이것은 상류층을 선망하는 소비자 집단에서 발생하는데, 상류층이 소비하는 물건을 소유함으로써 자신을 그들과 동일시하는 현상이다. 하지만 명품 소비로 상류층이 될 수 있다는 것은 확실한 망상이다.

필자는 명품을 극도로 피하는 스타일이다. 겨울이면 동네에서 누구나 입고 다닌다는 팔뚝에 동그란 마크가 붙어 있는 '가슴 뭉클한 패딩'도, 커다란 별모양에 누가 신던 느낌의 '골병 든 신발'도, 전 국민이 알아보는 롤모델 같은 '놀래는 손목시계'도, 눈 한번 질끈 감으면 살 수도 있지만 사람들이 그 명품에 보내는 시선이 오히려 싫기 때문이다.

그리고 가족 중 누가 명품 이야기를 꺼내면 어김없이 "인생이 명품이어야지, 명품만 걸치고 다니면 뭐 하냐?"라고 꼰대 같은 말을 내뱉는다. 그런데 정말 갖고 싶지 않다. 갖고 싶은데 억지로 참는 것이라면 괴롭겠지만 진짜로 그 큰돈을 명품을 사는 데 쓴다는 게 이해가 되지 않는다. 누구나 처음에는 필자와 같은 생각을 했을 것이다. 그러니까 아예 그 세상에 발을 들이지 않는 것이 좋다.

그런데 명품 소비에 입문하는 나이가 점점 낮아지고 있어서 문제다. 그동안 명품 시장은 50~60대가 주도해왔는데 지금은 2030이 '엄카'로 일단 지르고 보면서 명품 시장의 주 고객층이 되었다. 이제 명품 유행은 아예 사회에 첫발을 내딛지도 않은 학생들에게까지 퍼지고 있다. 명품을 사기 위해 알바를 하고 시급 9,160원을 모아 명품을 사는 것이다. 헉! 테러블!

> 명품에 집착하는 것이 트렌드를 따르는 것이라고?
> 그건 그냥 열등감의 표출이다.

부자들에게 명품은 멋스러움을 표현하는 수단이 될 수도 있다. 그러나 나에게는 어떨까? 맞지 않는 옷을 입는 것처럼 불편한 것은 없다. 전혀 멋스럽지 않고 그저 우스꽝스러울 뿐이다. 중요한 건 그 사실을 본인만 모른다는 것이다. 주위 사람들의 열광적인 반응을 기대하는가? 그들이 보이는 반응은 감탄사가 아니라 비웃음일 수도 있다.

현실에 두 발을 딛고 사는 사람이라면 한 걸음씩 성장하는 것이 최고의 행복이기에 이를 추천하고 싶다. 명품을 소비하는 습관이 당장의 겉모습을 멋지게 만든다고 착각할 수도 있다. 하지만 이는 자신의 미래를 퇴보시키는 것이며 한때의 망상으로 인스턴트 행복을 얻을지도 모르지만 미래의 모습은 분명 초라하고 비참해질 것이다.

부자라고 하면 재벌 2세나 3세를 먼저 떠올린다. 자신의 노력보다는 부모 잘 만난 덕에 인생이 풀린 경우라 생각하면 때로 반감이 드는 것도 사실이다. 하지만 우리나라에는 상속형 부자 못지않게 자수성가형 부자도 많다. 이런 사람들은 남다른 노력과 절제로 그 자리에 올랐으며 수많은 유혹을 포기하고 부자가 되었다.

　자수성가형 부자가 되고 싶다면 부자가 어떤 노력을 통해 무엇을 포기하고 그 자리에 왔는지 꼭 살펴보길 바란다. 부자의 겉모습만 보고 그것만 따라 하려고 한다면 당신은 부자라는 단어와는 영원히 거리가 먼 사람으로 남을 것이다. 부자 흉내를 내지 말고 부자의 노력을 배워라. 진심을 다한 노력은 당신을 절대로 배반하지 않을 것이다.

머니 트레이너의 한마디

EFFORT라는 단어 안에 요새(FORT)가 들어 있다. 성공한 사람들의 노력을 따라 한다면 당신의 인생은 더욱 견고해질 것이다.

1년에 2,000만 원 쓰는 여행 마니아, 돌아올 집이 없어진다

우리나라의 출국 인원은 코로나19로 해외여행이 전면 중단되기 전까지 매년 신기록을 갈아치우며 계속 증가해왔다. 해외여행객의 증가는 통계로 확인할 수 있는데 2019년 출국 인원은 무려 2,871만 명에 이른다. 같은 시기 이웃 나라 일본의 2,008만 명과 비교해보면 실로 엄청난 수치다(2021년 통계청 자료). 헉! 테러블!

잘 알려진 사실이지만 일본은 우리나라에 비해 인구는 2.4배 많고 국민 소득은 27%나 더 높다. 물론 출국 인원이 모두 여행객은 아니겠지만 우리나라 사람들이 얼마나 여행에 많은 돈을 쓰는지 보여주는 단면이고, 여행 수지 적자가 왜 큰 폭으로 증가하는지 짐작하게 하는 대목이다.

이처럼 우리나라 사람들은 평소에도 여행을 매우 즐기는 것은 물론이고, 한 조사에 따르면 은퇴 후 해보고 싶은 일 1위 역시 바로 세계 여행이라고 한다.

회초리 토크

대한민국은 여행 홀릭?
우리나라의 해외여행 지출은 너무 과하다.

코로나19는 해외여행을 완전히 중단하게 했지만 그런 와중에도 국내 여행을 즐기는 사람은 여전히 많다. 예능 〈국민 영수증〉을 통해 소개된 여행 마니아 김인애(미혼·36세·직장인) 씨는 5년 내로 내 집 마련을 꿈꾸는 미혼 여성이다. 그녀가 거주하는 곳은 지방의 작은 도시로, 서울보다 집값이 훨씬 싸고 안정적인 직장도 있으니 목표를 이루는 데 큰 무리가 없는 듯했다.

하지만 그녀의 내 집 마련 목표에 제대로 발목을 잡는 것이 있었으니 바로 여행이다. 그녀의 여행 사랑은 도가 지나쳤다. 그 이유는 영수증에 고스란히 담겨 있었는데, 영수증을 보면 서울, 강원도, 제천, 충주, 부산과 제주도에 이르기까지 딱 두 달 치 영수증인데도 안 다닌 곳이 없을 정도였다.

인애 씨는 주말은 당연하고 휴가까지 내서 두 달간 여러 번 국내 여행을 다녔다. 혹시 1년 중 이 두 달이 특수한 상황은 아니었을까 싶은 생각도 들었으나 직전 1년 동안 여행과 그에 관련된 소비로 쓴 금액이 무려 2,000만 원이었다. 이번 두 달뿐 아니라 1년 내내 이런 패턴을 유지한 것이다.

그녀가 찍은 여행 사진을 보면 그저 대표적인 관광지나 명소만 있는 게 아니었다. 그보다는 잘 알려지지 않은 숨은 맛집과 비범한 풍경으로 가득했다. 작은 나룻배를 타고 강을 건너야만 들어갈 수 있는 닭볶음탕 맛집부터 탁 트인 호수가 내려다보이는 라면 맛집, 한옥의 멋스러움을 그대로 간직한 대나무 숲 전통 찻집, 제주도 비밀 정원 속 숯불 갈빗집, 1인당 30만 원이나 하는 한우 오마카세집에 이르기까지 사진만 보면 인애 씨가 여행 전문가라고 해도 과언이 아니었다.

충청도에 거주하는 그녀가 제주도에 단골 카페가 있을 정도이니 여행을 얼마나 자주 떠나는지 짐작할 수 있다. 추억 부자가 되는 것이 꿈이라는 그녀의 말대로 여행을 다니며 추억을 쌓아온 것이다. 이런 그녀에게 방송에선 개그맨 박영진 씨가 '추억 부자' 말고 '수억 부자'가 되어야 한다고 농담을 던져 웃음을 유발하기도 했다. 그녀가 보내준 2개월 치 영수증 내용을 한번 살펴보자.

월소득 300만 원 김인애 씨의 2개월 지출 내역

교통비, 통신비	40만 원
관리비, 공과금	40만 원
대출이자	20만 원
보험료	80만 원
주식	40만 원
적금	40만 원
청약	20만 원
여행 비용	170만 원
외식	180만 원
쇼핑	120만 원
총지출 750만 원(-150만 원)	

이렇게 마이너스가 날 정도로 여행에 많은 돈을 쓰다 보니 직장 생활을 한 지 10년이 넘었는데도 자산이라고 할 만한 것은 전세금 1억 5,000만 원이 전부였다. 그것마저도 절반 가까이는 대출이었다. 재테크까지 가지 않더라도 모은 돈조차 거의 없는 것이다.

모든 재테크의 실패 원인 첫 번째는 목표가 없다는 것이다. 사실 그녀는 내 집 마련이란 목표도 최근에야 정했다. 예전엔 그런 목표를 생각조차 하지 않았다. 만일 과거 그녀의 삶에 구체적인 목표가 자리 잡았다면 이렇게까지 여행에 소비하지는 않왔을 것이다. 다시 말해 목표가 없으면 저축이 사라지고 여행과 각종 과소비가 그 빈자리를 차지하게 된다.

설사 저축을 한다고 해도 목표가 없다면 이런 과정이 반복된다. 모았다 쓰고 또 모았다 쓰기를 반복하기 마련이다. 그녀가 붓고 있는 월 20만 원짜리 적금도 훗날 여행 경비가 될 확률이 높다.

저축과 소비를 구분하는 방법은 다음과 같다.

저축과 소비

저축	확실한 목표를 가지고 자산을 만들기 위해 돈을 모으는 것
소비	확실한 목표 없이 그냥 돈을 모으는 것(소비 추정의 법칙)

저축이란 미래에 자산이 되는 것을 말한다. 따라서 자산이 되지 않는 모든 돈은 그냥 소비다. 설사 지금 돈을 모으고 있다고 해도 결국 소비가 된다. 당장의 소비가 아닐 뿐 언젠가는 써버려 없어질 것이기 때문이다. 사법제도에 무죄 추정의 법칙이 있듯 돈 모으기에는 소비 추정의 법칙이 있다.

저축이 훗날 주택 자금, 노후 자금 같은 자산으로 남으려면 최소한 만기 후 3개월 치 월급 이상을 타는 저축을 해야 한다. 보통 3개월 치 월급보다 많은 돈을 목돈으로 인식하기 때문이다. 목돈을 만든다는 말도 월급의 3개월 치 이상을 모으겠다는 의미다. 그보다 적은 돈은 자신의 의지와 상관없이 훗날 생각지도 않았던 소비의 제물이 될 수 있다.

회초리 토크

> 두 달간 여행을 떠난 횟수가 7번이라고?
> 여행 관련 업종 종사자라면 인정!

우선은 여행 횟수가 문제다. 여행은 익숙한 곳을 떠나 완전히 새로운 공간을 경험하는 것이다. 따라서 돌아올 때가 되면 내가 있던 공간이 얼마나 좋은지 깨닫게 된다. "내 집이 최고구나"라는 사실을 발견하는 것이 여행이다.

여행이 즐거울 수 있는 이유는 돌아올 곳이 있어서다. 일상에서 벗어난 일탈을 통해 역설적으로 일상의 소중함을 알게 되는 것이다. 그러나 여행 횟수를 보면 그녀는 항상 일탈 중인 것으로 보인다.

여행이란 계획하기, 떠나기, 추억하기로 이루어져 있다. 여행을 계획하면서 느끼는 설렘, 여행을 고대하는 기다림, 여행을 떠나 즐기는 시간, 그리고 그 시간을 추억하는 이 모든 과정이 여행인 것이다. 그런데 그녀처럼 이렇게 자주 여행을 한다면 설레면서 여행을 기다릴 시간이 아예 없다. 또 여행을 추억할 시간도 없다. 여행으로 자신을 발견하고 그 의미를 되새길 만한 시간조차 주어지지 않는 것이다. 그녀는 미래의 자신에게 빌린 돈을 여행에 쓰고 있다.

월급이 유한하다고 생각하면 월급이란 현재의 나뿐만 아니라 10년 후의 나, 20년 후의 나, 그리고 먼 훗날 은퇴한 나에게 필요한 돈이다. 미래의 내가 지금의 나에게 관리하라고 맡긴 공금인 것이다.

그러나 김인애 씨는 지금 받는 소득으로도 모자라 두 달간 150만 원이나 마이너스를 냈다. 이것은 미래의 자신에게서 돈을 빼앗는 일이나 다름없다. 아직 벌지도 않은 돈을 당겨서 쓰는 것이다. 미래의 자신에게 돈을 빌려서까지 여행을 떠나는 것은 정상적이지 않다.

그렇다면 여행 경비는 얼마 정도가 적당할까? 사람마다 취향이 다르니 절대적인 수치는 없다고 해야 할 것이다. 여행을 싫어하는 사람도 있다. 집이나 일상을 벗어나기를 꺼리는 스타일로 버스, 기차, 비행기 등으로 이동하는 일을 유독 피곤해하며

"집 떠나면 고생"이라는 말을 자주 한다.

물론 여행은 필수가 아니다. 꼭 일상을 벗어나야만 여행인 것도 아니고 일하다가 쉬는 것도 정신적인 일탈로서 하나의 여행이다. 다만 우리가 여행의 적정한 수준이 어느 정도인지 반드시 생각해야 하는 이유는 우리 대부분이 여행을 좋아하고, 여러 여가 생활 중 가장 많은 시간과 비용이 들어가는 게 여행이기 때문이다.

여행은 특별한 여가 생활이니 너무 자주 있으면 안 된다. 학창 시절 50분 수업, 10분 휴식이 원칙이지 10분 수업에 50분을 쉬지 않았던 것처럼, 또 수학여행이나 운동회가 1년에 한 번 정도 열리지 만날 있지는 않았던 것처럼 말이다. 우리가 여가에서 돈을 소비하는 것 중 가장 많은 비중을 차지하는 게 외식, 오락, 체험과 즐길 거리, 쇼핑 같은 활동인데 여행은 이런 것들이 하나도 빠짐없이 포함된 소비 종합 세트다.

사람들은 여행을 가면 "한 번뿐인데 뭐" "언제 또 와보겠어" "언제 또 해보겠어" 하면서 '정신줄'을 놓고 돈을 쓰는 데 바쁘다. 그래서인지 여행 경비는 항상 예상보다 초과된다. 이처럼 그야말로 종합 소비 예술의 극치인 여행을 무턱대고 다니다 보면 언젠가는 땅 치고 후회할 일이 생기게 된다.

계절 지출 예산 만들기

계절 지출이란 매달 사용하는 비용이 아닌 여행, 명절, 이벤트처럼 특정한 시기에만 하는 소비를 합쳐서 부르는 말이다. 계절 지출은 한꺼번에 많은 돈이 나가기 때문에 미리 연간 예산을 설정해놓지 않고 무턱대고 쓰다 보면 한도 끝도 없어 1년 열두 달의 소비를 들쑥날쑥하게 만드는 주범이 된다.

3대 계절 지출

여행	상·하반기 여행으로 한꺼번에 많은 돈을 쓴다.
명절	고향 방문, 부모님 선물 등 평소 쓰지 않던 돈을 쓴다.
이벤트	가족 생일, 기념일 등 평소의 소비 외에 돈을 쓴다.

회초리 토크

계절 지출은 총예산 연봉의 8~10%가 적당하다.

여행, 명절, 이벤트가 특별하다고 생각할 수도 있겠지만 1년 365일 중 고작 며칠 동안 있는 일 때문에 한 달 치 월급 이상을 쓸 수는 없는 노릇이다. 따라서 계절 지출은 연 소득의 10%를 넘지 않도록 주의해야 한다. 월급 300만 원인 사람을 기준으로 생각해보자. 그의 연봉은 3,600만 원이다. 그렇다면 계절 지출의 최대치는 360만 원이다.

연봉 3,600만 원 기준 1년 계절 지출 예산

여행 예산	200만 원
명절 예산	100만 원
이벤트 예산	60만 원
	총예산 360만 원

연봉 3,600만 원을 받는 경우 월급이 들어오면 매달 30만 원씩 이벤트 자금 통장으로 자동이체를 시켜라. 그리고 여행이나 명절, 이벤트로 인한 소비가 발생하면 그 금액만큼만 소비 통장이 아닌 이벤트 자금 통장에서 인출해 결제하면 된다.

이처럼 예산이 정해지면 같은 돈으로 어떻게 더 즐거운 여행을 할 수 있을지 비로소 생각하며 여행의 횟수와 내용을 계획하게 된다. 말 그대로 무작정 떠나는 것이 아니라 계획하고 설레는 진짜 여행이 시작되는 것이다.

머니 트레이너의 한마디

GLOVE를 들여다보면 그 안에 LOVE(사랑)가 들어 있다. 장갑이 손을 감싸듯 사랑하는 사람의 손을 꼭 잡아주어라. 지금의 당신도 사랑해야겠지만 나이 들어 지금보다 약해질 미래의 당신, 그의 손도 꼭 잡아주어라.

배달 음식 월 100만 원?
통장도 다이어트도 망한다

코로나19 시국에 변이 바이러스까지 등장해 일상 복귀가 더 늦어지면서 우울감을 호소하는 사람들이 늘어나 정신건강의학과는 때아닌 호황을 누리고 있다.

또 외부 활동이 좀처럼 없는 상황에서 편하게 배달 음식을 시켜 먹는 경우가 더욱더 많아지면서 비만을 걱정하는 사람들도 증가하고 있다. 이전보다 급격히 늘어난 엥겔지수(생계비에서 식비가 차지하는 비율)로 인해 건강뿐 아니라 주머니 사정에도 빨간불이 들어왔다. 그래서인지 코로나19 시대에는 확진자뿐 아니라 체중이 증가한 사람도 같이 늘어난다.

박진희(미혼·31세·C애드) 씨는 광고 회사에서 디자인 업무를 하는 1인 가구 직장인이다. 2020년 5월 이후 지금까지 2년 가까이 재택근무 중인 그녀는 사회적 거리 두기가 한창이던 코로나19 1차 대유행 이후 몸무게가 계속 불어나 한때는 체중이 무려 14kg이나 증가했다고 한다.

진희 씨는 생활이 불규칙해지면서 이전에는 몰랐던 야식의 세계까지 입문해 배달 음식의 천국에 제대로 빠지게 되었다. 그런데 처음에는 맛있는 음식을 먹는 재미에 살이 찌는 것도 몰랐다고 한다. 헐렁한 운동복 차림으로 집 주변만 왔다 갔다 하는 게 외출의 대부분이라면 그럴 수도 있을 것이다. 그녀는 이런 칩거 생활에 잘 적응하며 지내고 있다고 생각했다.

그러나 일시적으로 사회적 거리 두기가 완화되고 바깥 활동이 가능해지면서 이상하게도 '집콕'을 했을 때보다 되레 우울감이 증가했다고 한다. 외출복이 다 맞지 않아서 마땅히 입고 나갈 옷이 사라졌기 때문이다. 아차 싶었을 때에야 비로소 살찐 자신의 모습이 보였다.

경각심을 느낀 그녀는 빠르게 홈트레이닝 기구를 사들이고 식단 조절을 하며 다이어트에 돌입했다. 처음 한 달은 생각보다 성과가 좋아서 한 달에 4kg을 너끈히 감량했다. 이런 추세를 따른다면 석 달만 더 노력해서 예전의 정상 체중으로 돌아가리라 행복 회로를 돌리며 똑같이 운동하고 식단 조절도 이어갔지만, 그 이상은 체중이 빠지지 않았다.

더 많은 체중을 감량하려면 더욱 강도 높은 운동과 식사 조절이 필요했던 것이다. 그녀는 좋아하던 배달 음식도 줄이면서 노력했지만 그때마다 여지없이 단기 요요가 찾아왔다. 어느새 들인 노력에 비해 살은 빠지지 않고, 1~2kg 감량하면 얼마 뒤 식사를 한두 번만 해도 감량한 체중이 그대로 돌아오는 현상이 반복되었다.

그녀는 요요를 겪으며 또다시 우울감을 느꼈고 다시 폭식을 시작했다. 배달 음식 비용은 건강식을 산다는 핑계로 점점 더 고가로 치달으며 되레 늘어났다.

진희 씨의 월급은 보너스를 제외하면 월평균 300만 원이다. 지방에서 올라와 서울에서 자취 중인 그녀가 전세 자금 대출을 상환하고 내 집을 마련하려면 고정비를 줄이고 저축액을 늘려야 하는데, 지금과 같은 엥겔지수를 유지하고 달랑 20만 원을 저축하는 것으로는 목표 달성이 요원하다. 진희 씨의 생활비 사용 내역을 살펴보자.

월소득 300만 원 박진희 씨의 생활비 사용 내역

부모님 용돈	30만 원
통신비, 공과금	17만 원
전세 대출이자	27만 원
외식	75만 원
배달 음식	90만 원

쇼핑	40만 원
보험료	22만 원
청약저축	10만 원
IRP(개인형 퇴직연금)	10만 원
총지출 321만 원(-21만 원)	

비만은 신체뿐 아니라 정신 건강에도 악영향을 미친다. 우울감과 비만은 동전의 양면처럼 서로 붙어 다니기 때문이다. 영국 엑시터대학교 생활환경과학연구팀의 연구 결과에 따르면 우울증이 전혀 없던 사람도 갑자기 살이 찌고 BMI 지수가 높아지면 우울증을 겪을 위험 또한 함께 상승한다고 한다. 결국 비만은 신체와 정신 건강, 그리고 가정 경제에도 좋은 점이 없는 것이다.

그럼 적절한 엥겔지수는 어느 정도일까?

월 소득별 1인 가구 적정 엥겔지수

350만 원 미만	20%
350만~700만 원	15%
700만 원 이상	10%

월 소득별 1인 가구 적정 식비 예시

250만 원	최저 50만 원
400만 원	60만 원
750만 원	70만 원

적정 엥겔지수는 소득이 높을수록 낮아진다. 하지만 소득이 아무리 낮더라도 1인 가구가 월 50만 원 미만으로 식비를 사용하기는 쉽지 않은 일이다. 상황을 감안해 소득에 따라 적절한 엥겔지수를 넘기지 않도록 노력해야 한다.

회초리 토크

진희 씨의 엥겔지수는 50%, 끼니당 1만 8,333원, 실화인가?

그녀가 외식과 배달 음식에 소비한 금액을 보면 한 끼 평균 단가가 2만 원에 육박한다. 실화인가? 비만도 문제지만 이건 더 큰 문제다. 재택근무라는 특수 상황을 감안해서 백번 양보하더라도 너무 과하다는 생각을 지울 수 없다.

물론 한 끼에 2만 원이 아니라 3만 원이 넘는 식사도 할 수 있다. 하지만 한 달 동안 먹는 90끼의 평균 금액이 2만 원에 가까운 것은 문제가 있다. 속된 말로 '먹고 죽자'는 것도 아니고 말이다. 음식 단가와 음식의 영양과 질이 반드시 비례하는 것은 아니다.

아마 이런 탓에 그녀의 냉장고는 텅 비어 있을 것이다. 하루도 빼놓지 않고 라이더가 이 집에 출근 도장을 찍고 있으니 말이다. 이 정도면 처음에는 예쁜 음식을 기록하려고 사진을 찍었겠지만 아마 더 이상은 찍지 않을 가능성이 높다. 없는 사진이 없기 때문이다. 이제 남은 건 카톡에 올린 수많은 음식 사진, 수많은 쿠폰과 할인 혜택, 엄청난 식비 영수증, 그리고 빼고 싶은 살뿐일 것이다.

회초리 토크

> 초과된 엥겔지수 월 105만 원,
> 진희 씨가 지난 2년간 절약했다면
> 무려 2,520만 원을 모을 수 있었다!

건강을 위해서라도 가끔 요리를 직접 했더라면 몸을 움직이는 운동도 하고 노력의 산물인 음식을 먹으면서 색다른 재미와 행복을 느낄 수 있었을 것이다. 무엇보다 지난 2년간 초과된 외식 및 배달 음식 비용을 그대로 모았다면 2,520만 원이 되었을 것이다. 아니, 그 절반만 모았다고 해도 전세 대출금 1,100만 원을 갚고 내 집 마련에 한걸음 가까워졌을 것이다.

진희 씨가 다이어트에 꼭 다시 도전해서 성공하고 엥겔지수도

체중도 낮출 수 있길 바란다. 그럼 마지막으로 건강과 내 지갑을
지키는 2인, 3인 가구의 엥겔지수 가이드를 확인해보자.

월 소득별 2인 가구 적정 엥겔지수

350만 원 미만	25%
350만~700만 원	20%
700만 원 이상	15%

월 소득별 3인 가구 적정 엥겔지수

350만 원 미만	30%
350만~700만 원	25%
700만 원 이상	20%

머니 트레이너의 한마디

AGAIN이라는 단어에는 GAIN(얻다)이 들어 있다. 다이어트에 실패
했더라도 꼭 다시 도전하라. 끊임없이 도전해야 원하는 것을 얻으리라.

마이너스 통장이라는
누울 자리를 없애라

마이너스 통장을 만들게 된 사연을 들어보면 대부분 이렇다. 은행에서 업무를 보다가 직원의 권유로 우연히 만들었다는 것이다. 대출이 필요하지 않다고 거절해도 직원이 "만약을 대비해서" "혹시 무슨 일이 생길지 모르니"라며 만들어둘 것을 권하는 경우다.

'그래! 혹시 무슨 일이 생길지 모르니'라는 마음에 만들어두면 신기하게도 그 무슨 일이 생긴다. 아니, 정확하게 말하면 그 무슨 일을 스스로 만들고야 만다. 우리의 무의식은 의식을 지배하고 의식은 행동을 낳기 때문이다.

그래서 마이너스 통장을 만들지 않은 사람은 있어도 만들어놓고 쓰지 않는 사람은 거의 없다. 한동안 거세게 불어온 부동산과 주식, 코인 열풍에 나만 뒤처질까 봐 불안감을 느낀 사람들은 마이너스 통장을 만들어 그 돈으로 투자하기에 이른다. 그런데 이런 '빚투'는 그리 나쁘지 않다고 본다.

이게 무슨 소리냐고? 최소한 빚을 내서 만든 돈을 써버린 것은 아니기 때문이다. 마이너스 통장에서 꺼낸 돈이 어딘가에 자산으로 남아 있으니 투자 성공 여부에 따라 결과는 좀 달라지겠지만 그래도 최악은 피한 셈이다. 그보다는 마이너스 통장에서 꺼낸 돈을 소비로 탕진한 경우가 진짜 문제다.

민예은(30세·K항공사) 씨는 항공사 서비스지원팀에서 근무하는 4년 차 직장인이다. 2020년 코로나19 팬데믹은 항공업계에 직격탄이 되었는데, 그 때문에 2022년 초까지 격월 근무를 하는 바람에 그동안 기본급의 70%를 받았다.

생각지도 못한 소득 감소는 그녀에게 충격이 아닐 수 없었다. 그나마 부모님과 함께 거주해서 사정이 좀 나은 편이었다. 독립해서 생활하는 1인 가구 동료들은 당장 소비를 줄여야 하는 난감한 상황에 처했다.

처음에는 그녀도 줄어든 소득에 적응하고자 허리띠를 졸라매고 소비를 줄여보려 했다. 하지만 그리 쉬운 일이 아니었다. 그녀는 적금도 해지하고 여행처럼 큰 금액이 들어가는 계절 지출을 줄였다. 그러면 소득이 많이 줄어도 버틸 수 있으리라 생각했다.

몇 달은 괜찮은 듯했다. 그런데 문제는 전혀 생각지도 못한 지점에서 생겼다. 갑자기 여가 시간이 늘어나면서 시간을 어떻게 보내야 할지 막막해진 것이다. 처음에는 가볍게 집 주변을 산책하고 전산 자격증 공부를 하며 시간을 보냈지만 출근하지 않는 날이 점점 길어지면서 소비 없이 지내기가 정말 힘들었다고 한다. 과거 자유롭던 시절에 비해 여행 관련 비용은 줄었지만 스트레스를 해소하기 위해 여행 대신 시작한 골프가 문제였다.

골프를 배우고 난 뒤 예은 씨의 소비 양상이 180도 바뀌었다. 친구들과 한두 번 필드에 나가던 정도에서 참여하는 골프 모임이 3개나 생긴 것이다. 여행 다닐 때에 비해 오히려 씀씀이가 더 늘어났다. 물론 준비했던 자격증 시험은 한 번 실패한 후 뒷전이 되어버렸다.

소득은 줄었는데 소비가 오히려 늘어난 바람에 예은 씨는 결국 몇 해 전 만들어둔 마이너스 통장에 손을 대기에 이르렀다. 마이너스는 조금씩 늘어나 아주 큰 금액이 되어버렸다.

코로나19 때문에 느끼는 답답함을 한 방에 날려주는 골프 라운드는 그린피, 카트비, 캐디피, 식사 비용까지 하루에 30만 원이 훌쩍 넘게 든다. 헉! 테러블! 그렇지만 요즘은 예약하기도 만만치 않다. 일명 '코로나 블루'에 대한 보복 소비가 골프장에서 나타나고 있는 것이다. 그녀의 월평균 소비 내역은 다음과 같다.

월 소득 233만 원 민예은 씨의 월평균 소비 내역

교통비, 통신비	15만 원
부모님 용돈	20만 원
외식	50만 원
쇼핑	55만 원
골프 라운딩(월평균 2회)	70만 원
골프 레슨	18만 원
자격증 인강	9만 원
보험료	10만 원
모임 회비	10만 원
경조사	10만 원
청약저축	10만 원
정기적금(해지)	-50만 원
정기적금	30만 원
대출이자	8만 원
총액 315만 원(-82만 원)	

보복 소비라니, 도대체 누구한테 보복하는 것일까? 사실 보복 소비라는 말은 '펜트업pent up 소비'라고 하는데 원래는 전쟁이나 전염병으로 인해 억눌린pent up 소비가 한꺼번에 발생하는 것을 말한다.

그러나 민예은 씨에게는 소비하지 못한 소득이 없다. 즉 그녀의 경우 이것을 보복 소비라고 말할 수 없다는 말이다. 코로나 19라고 해도 그 이전과 전혀 다름없이 쓸 것을 다 쓰고 있는데 무슨 펜트업이 있다는 말인가?

이렇게 코로나19 핑계로 정신줄을 놓고 애꿎은 자신의 통장에 보복 아닌 보복을 하거나 갖고 싶은 물건을 사겠다는 마음을 참지 못하고 '지름신'이 강림하도록 놔두면 마이너스만 늘어난다. 이는 꼼짝없이 스스로 갚아야 하는 '찐' 마이너스, 빚이 되고야 만다.

회초리 토크

> 마이너스를 편안하게 받아들여서
> 갚을 의지를 상실하는 게 더 큰 문제다.

그녀의 마이너스 금액은 1,550만 원이었다. 1,550만 원이란 금액은 지금 그녀가 하는 월 저축 30만 원을 무려 4년 넘게 꼬박 넣어야 갚을 수 있는 엄청난 빚이다. 대개는 이런 경우 큰 숫자 앞에 붙은 마이너스 표시를 보며 마음이 불편해지기 마련이다.

그녀도 이런 숫자가 매우 불편했다고 한다. 이런 불편함을 잠시라도 피해볼 요량으로 그녀는 마이너스 통장을 월급 통장으로 사용했다. 월급이 들어오면 마이너스 표시가 붙은 큰 숫자가 조금은 줄어들기 때문이었다.

하지만 이는 그야말로 미봉책에 불과하다. 생활비를 인출하다 보면 또다시 마이너스가 증가하기 때문이다. 이렇게 마이너스와 함께 생활하다 보면 어느새 마이너스로 인한 불편함이 무뎌진다. 마이너스가 편안하게 느껴지는 것이다. 결국 예은 씨는 마이너스를 갚겠다는 의지도 계획도 없어져버리고 말았다.

항공사에서 근무하는 그녀는 매일 비행기가 이륙하는 모습을 봐서 잘 알겠지만, 비행기는 바로 이륙할 때 가장 많은 에너지를 쏟아붓는다. 무거운 기체를 하늘로 올리려면 얼마나 강력한 에너지가 필요하겠는가.

그렇지만 일단 폭발적인 에너지를 쏟아붓고 하늘로 올라가서 성층권에 도달하면 그때부터는 적은 에너지로 비행할 수 있다. 직장인의 재테크도 마찬가지다. 제대로 자리 잡으려면 초반에 가장 강력한 에너지가 필요하다.

이렇게 강력한 에너지를 목돈 모으기에 쏟아부어야 하는 사회 초년생 시기에 부모님과 함께 거주해 고정비를 절약할 수 있다는 것은 정말 특별한 혜택이다. 독립생활을 한다면 월세 등 다른 고정비가 최소한 월 50만~60만 원, 1년이면 700만~800만 원의 추가 비용이 발생한다.

그녀는 이런 기회의 시기를 더 이상 허송세월로 보내서는 안 된다. 마이너스 통장을 쓴다는 건 지금 이륙은커녕 마치 땅속에서 활주로 위로 올라오지도 못하는 것 아닌가? 우리가 당장 해야 할 일을 살펴보자.

① 마이너스 통장과 월급 통장을 분리하라

일단 마이너스 통장과 월급 통장을 분리해야 한다. 누울 자리를 뺏어야 발을 뻗는 나쁜 버릇이 사라질 것이다. 당장 새로운 통장을 발급받아서 월급 통장으로 사용하고 마이너스 통장에는 손을 대지 말자.

② 언제까지 상환할지 계획을 수립해 송금 자동이체를 걸어라

마이너스 통장에서 큰 금액 앞에 붙어 있는 (-) 표시가 불편하다면 지금 당장 언제까지 마이너스를 청산할지 계획을 수립하자. 만일 1,550만 원의 마이너스를 3년 안에 완전히 청산하고 싶다면 43만 원을 송금 자동이체로 신청하라.

③ 월급 받은 다음 날 월급 통장의 잔고를 0으로 만들어라

내가 받는 월급에 모을 돈, 쓸 돈 외에 다른 것이 존재하면 안된다. 이름 붙이기 애매한 돈이 한 푼도 있어선 안 된다는 뜻이다. 월급이 들어오면 모을 돈(각종 저축)은 자동이체로 빠져나가게 하고 쓸 돈은 이번 달에 쓸 돈(월 예산)과 나중에 쓸 돈(계절 지출 예산)으로 나누자. 이번 달에 쓸 돈은 소비 통장으로 송금하

고 나중에 쓸 돈은 또 다른 통장(계절 지출 통장)에 송금하면 된
다. 이렇게 월급 통장은 항상 잔고를 0으로 유지해야 한다. 월급
통장이 더 이상 기댈 언덕이나 누울 자리가 되어선 안 된다.

머니 트레이너의 한마디

PASSION에는 PASS(통과하다)가 들어 있다. 자기 자신을 위해 노
력하는 열정을 자격증 시험에 쏟는다면 어떨까? 스스로의 발전을 도
모할 수 있을 뿐 아니라 소비도 줄어드는 효과가 있을 것이다. 열정
은 합격의 열쇠이기 때문이다.

쇼핑이 줄지 않는다고?
1심·2심·3심을 거쳐라

프로파일러가 피의자를 수사하는 과정에서 꼭 챙겨 보는 것 중 하나는 신용카드 내역, 바로 영수증이다. 영수증에는 그 사람의 지난 행적이 고스란히 담겨 있기 때문이다. 그래서 경제 예능 〈국민 영수증〉의 슬로건이 바로 '영수증에 답이 있다'다.

영수증에는 마치 지문이나 걸음걸이처럼 사용한 사람의 고유한 특징이 잘 드러나 있다. 특정한 소비 패턴이 존재하기 때문이다. 예컨대 쇼핑, 외식, 배달 등의 비율, 금액이나 횟수에도 독특한 패턴이 있다.

얼마 전 고민 상담을 통해 만난 최종훈(36세·A펜스컴)·박유라(37세·G솔루션) 씨는 각각 게임 회사와 IT 회사에 다니는 결혼 1년 차 신혼부부다. 맞벌이다 보니 월 소득은 850만 원으로 높은 편이지만 많은 대출을 안고 결혼 생활을 시작했기 때문에 5년 안에 대출을 모두 상환한다는 큰 목표를 세웠다.

하지만 1년이 지난 지금, 생각과 달리 소비가 줄어들지 않는 바람에 대출 상환이 지지부진해서 고민이 점점 커지고 있었다. 왜 생각보다 소비를 줄이지 못하는 것일까? 가장 큰 원인은 결혼 초 의견 충돌을 피하려고 각자의 소비 스타일을 존중해온 것이었다. 목표를 세웠다면 원칙을 만들어서 강제로 저축을 했어야만 했는데 그러지 못한 것이다.

이 커플의 문제는 바로 쇼핑. 특히 두 사람 모두 인터넷 쇼핑을 즐겨 하는 편이다. 스트레스를 푸는 방법도 여가 시간을 보내는 방법도 모두 쇼핑이다. 출퇴근길에도 쇼핑을 하고 회사에서도 쇼핑 앱을 자주 들여다보며 집에 돌아오면 텔레비전을 켜서 어김없이 홈쇼핑 채널을 둘러 보곤 한다.

남편은 컴퓨터 주변 기기나 액세서리와 소품, 아내는 가정용품이나 인테리어 소품을 사는 비중이 높다. 어쩌다 가끔은 서로 눈치를 볼 만큼 고가의 운동기구나 명품에 가까운 의류를 사기도 한다. 헉! 테러블!

그러다 보니 택배 상자가 문 앞에 쌓이지 않는 날이 없다. 사들이는 것뿐 아니라 산 지 얼마 지나지 않았는데 일부는 당근마켓 같은 중고 물품 시장에 내다 팔기도 한다.

새로운 물건을 사고 그것을 기다리며 느끼는 설렘, 물건이 도

착했을 때 '언박싱'을 하는 즐거움, 또 그 물건을 잘 꾸며서 중고 거래 앱에 올린 결과 좋은 가격대로 팔았을 때 얻는 성취감까지, 이 모든 행동이 부부에게 취미가 되어버린 것이다. 그러나 이제는 쇼핑 비용을 과감하게 줄이고 저축을 늘려보려 한다. 이 부부는 과연 어떻게 해야 할까?

최종훈·박유라 부부의 지출 내역

교통비, 통신비	40만 원
관리비, 공과금	35만 원
대출이자	37만 원
주식	30만 원
외식	70만 원
쇼핑	250만~350만 원
보험료	30만 원
정기적금	150만 원
대출 상환	110만 원
경조사	20만 원
	총액 772만~872만 원

이 커플의 영수증에서 특히 눈에 띄는 부분은, 쇼핑 금액도 금액이지만, 결제 횟수가 이해되지 않을 만큼 많다는 것이다. 카드 사용 내역에서 결제 횟수를 세어보면 두 사람의 것을 합쳐서 월

200회가 넘는다. 하루 평균 6~7회 이상 카드를 쓴다고? 이게 가능한 일일까?

바로 잠잘 때 외에는 늘 손에 쥐고 사는 휴대폰이 문제다. 터치 한두 번으로 간편하게 결제하고, 게임을 하다가도 아이템을 사고, 의식의 흐름대로 무언가 떠오르면 곧장 택배를 시키고, 불현듯 생각나자마자 빛의 속도로 식품을 배달시키기까지 한다. 요즘은 쇼핑을 방해하는 장애물이 1도 없다.

더욱이 커플의 결제 횟수가 끝없이 늘어나는 이유는 계획성 없는 소비 때문이다. 계획해서 한 번에 몰아 샀다면 이 정도 횟수가 나오기는 힘들다.

최종훈 · 박유라 부부의 카드 사용 내역

날짜	내역	금액
2021. 3. 1	**페이먼트코리아	2,400원
2021. 3. 1	카페아스**	20,100원
2021. 2. 25	**부대찌개	21,000원
2021. 2. 21	갤러** 광교점	158,000원
2021. 2. 20	연화산	20,000원
2021. 2. 19	주식회사 아성***	5,000원
2021. 2. 14	씨**올리브네트웍스	7,900원
2021. 2. 12	교통-지하철 6건	9,800원

2021. 2. 12	교통-버스 3건	8,400원
2021. 2. 7	GS**	4,000원
2021. 2. 7	**아지매국밥	7,000원
2021. 2. 5	**일레븐	3,200원
2021. 2. 4	모**부대찌개	19,000원
2021. 2. 3	씨**올리브네트웍스	5,900원
2021. 2. 2	**페이먼트코리아	2,400원
2021. 1. 26	GS**	3,100원
2021. 1. 25	** 프리미엄 푸드	7,650원
2021. 1. 23	**반점	23,000원
2021. 1. 15	*****자동차운전	746,900원
2021. 1. 14	GS**	4,000원

우선 어느 부분이 문제인지 알아보기 위해 꼭 실천해야 할 것이 있다.

① 6개월치 영수증의 변동 지출 통계를 내보자

우선은 6개월 동안 본인이 사용한 영수증 내역을 출력해서 살펴볼 필요가 있다. 변동 지출은 크게 식비, 쇼핑, 오락, 경조사로 구성되어 있는데 이 통계를 정확히 내봐야 한다.

변동 지출

① 식비(주식, 외식, 배달 등)

② 쇼핑(필수품, 사치품 등)

③ 오락(여가, 레저, 문화생활 등)

④ 경조사

이런 변동 지출 항목의 통계를 내보면 정말 많은 것을 느낄 수 있다. 또 어떤 점이 문제인지도 자연스럽게 알게 된다. 여러분도 꼭 해보길 권한다.

② 결제 3심제도를 실천해보자

우리나라의 재판에는 3심제도란 것이 있다. 더 공정한 재판을 위해 세 번에 걸쳐 심사하는 것이다. 만일 무언가를 사는 소비 행동, 즉 결제를 하기 전에도 이처럼 3번 정도 생각해보면 어떨까?

현대인은 소비 욕구를 느낀 즉시 언제 어디서나 결제할 수 있는 최적의 환경에서 살아가고 있다. 그 때문에 생각할 틈이 없다. 이는 과소비의 문제를 유발하고 나중에 뻔히 후회할 걸 알면서도 쓰게 되는 영수증을 만들어낸다. 나쁜 영수증을 없애지 않는 한 재테크 수익률이 아무리 좋아도 절대 자산을 불릴 수 없다.

결제 3심제도는 말 그대로 소비 욕구가 생기는 순간부터 결제 버튼을 누르기까지 자신에게 3가지를 물어보고 난 후 결제하는 습관이다. 특히 쇼핑을 할 때만큼은 이런 습관이 반드시 필요하다. 정말 필요한 물건만 산다면 아무런 문제도 일어나지 않기 때문이다.

결제를 하기 전 스스로에게 다음의 질문을 해보자.

결제 3심제도

1심	필요한 것인가? (없으면 안 되는 것인가?)	필요한 것이란 무엇일까? '있으면 좋은 것'이 아니라 '없으면 안 되는 것'이 바로 필요한 것이다.
2심	예산은 있는가?	외식, 쇼핑, 오락 항목 중 해당 예산이 이번 달에 사용할 수 있는 여유가 남았는지 확인해보자. 만일 남아 있지 않다면 설사 1심을 통과해 필요한 것이라 해도 이번 달에 결제해서는 안 된다.
3심	대체재는 없는가?	우리가 무심코 쇼핑하는 것 중엔 많은 경우 대체재가 있다. 소비하지 않아도 되는 것이 존재한다는 뜻이다.

1심과 2심을 모두 통과했더라도 인터넷 쇼핑이라면 장바구니에 담아두고 최소한 반나절 정도는 대체재가 없는지 생각해보라. 없다면 그때 결제해도 늦지 않는다. 물론 인터넷 쇼핑업체는 고객이 바빠서 쇼핑 아이템을 잊어버릴 것을 걱정해 장바구니

를 만들었겠지만 우리는 좀 더 신중한 쇼핑을 하는 용도로 사용하면 된다.

이렇게 쇼핑을 할 때만큼은 꼭 결제 3심제도를 실천해보자. 아마 나쁜 영수증이나 후회만 남는 소비가 확연히 줄어들 것이다. 재미있는 점은 결제 3심제도를 실천하다 보면 갖고 싶은 것 중에는 의외로 이미 가지고 있는 게 많다는 사실을 깨닫게 된다는 것이다. 결제하기 전에 조금만 더 생각해보라. 생각은 정말 많은 것을 깨닫게 해준다. 또 많은 것을 지켜준다.

머니 트레이너의 한마디

'감사하다'라는 뜻의 단어 THANK의 어원은 THINK, 즉 '생각하다'다. 힘든 현실이지만 생각하면 할수록 모든 것에 감사하게 된다. 행복이란 돈으로만 얻을 수 있는 것이 아니기 때문이다.

반값 세일?
안 사면 100% 세일!

얼마 전 TV 채널을 돌리다 홈쇼핑 방송에서 한 쇼핑 호스트가 하는 멘트를 들었다.

"여러분! 제가 지금껏 방송을 10년 넘게 했는데 오늘 진짜 깜짝 놀랐습니다. 이런 가격은 정말 처음이거든요!"

쇼핑에 돈 쓰는 일이라면 뭐든 불편해하는 '프로 불편러'인 필자조차 귀가 솔깃해지는 멘트였다. 대체 얼마나 싸길래, 싶었다. 10년이라는 시간의 경험이 녹아 있는 듯하니 더욱 설득력 있게 느껴졌다.

그런데 바로 이어지는 멘트를 들으니 끌렸던 마음이 싹 사라져버렸다.

"오늘이 마지막 방송입니다."

마지막이란 말은 이상하게도 마지막이 아니라는 것으로 들리기 때문이다. 경제 전문가의 시선으로 볼 때 솔직히 세일즈 세계에서 마지막이란 말은 그다지 신뢰가 가지 않는다. 지금 전 세계가 겪는 저성장의 핵심 원인에는 바로 공급 과잉의 문제가 있기 때문이다.

이젠 만들지 못하는 게 아니라 너무 많이 만드는 과잉 생산이 가장 큰 경제 문제다. 사실 팔리기만 한다면 언제든지 만들 수 있다. 마지막이 사실이라면 그건 안 팔릴 물건이기 때문이고 팔린다면 분명 기업은 다시 만든다. 그럼에도 역시 마지막이란 말에는 사람을 끌어당기는 힘이 있다. 지금 아니면 살 수 없고 가질 수 없을 것이란 메시지는 사람들을 초조하게 만들기 때문이다.

초고속 인터넷에 길들여진 우리는 무언가를 기다리는 것에 익숙하지 않다. 원하는 유튜브 영상을 보기 전 잠깐의 광고 시간조차 참지 못해 아예 광고 없는 유료 서비스가 생겨났고, 인터넷 쇼핑 후 2~3일 기다리는 것도 힘들어서 로켓처럼 빠른 배송 서비스가 인기다.

눈에 보이는 것과 갖고 싶은 것을 당장 손에 쥐어야 하는 사람들에게 이런 서비스는 그야말로 취향 저격 맞춤 서비스다. 이렇게 갖고 싶은 것을 즉시 손에 넣을 수 있게 되면서 현대인은 불필요한 물건을 다량으로 사들이고 있다. 거기서 발생하는 손실 금액은 실로 어마어마하다.

불필요한 물건이 팔리는 건 마케팅의 힘 덕분이다. 광고 문구를 잘 들여다보면 그런 소비자의 심리를 정확히 파악해서 그들의 마음을 얻고 지갑을 열기 위한 전략이 놀라울 정도다. 사람들은 대부분 물건을 살 때 반드시 할인이나 특별한 혜택을 받길 원한다. 만일 세일 기간에 높은 할인율을 적용받아 초특가로 구입하면 굉장히 쇼핑을 잘했다고 생각한다.

30만 원짜리 물건을 50% 세일해서 15만 원에 샀다면 요즘 말로 "개이득!"을 외치면서 호들갑을 떤다. 갖고 싶은 물건을 무려 15만 원이나 싸게 샀다고 생각하니 기쁨을 감출 수 없는 것이다. 그냥 원래 15만 원짜리 물건을 30만 원에 팔고 있었다는 생각은 왜 하지 못할까?

세일 기간 동안 50만 원어치를 구매하면 5만 원 상품권을 증정하는 이벤트가 있으면 5만 원 상품권을 얻기 위해 생각지도 않았던 50만 원의 쇼핑을 기어코 해내는 사람들도 있다. 당연히 50만 원에는 불필요한 소비가 포함되기 마련이다. 그럼에도 50만 원의 소비가 아니라 5만 원의 혜택을 본 것이라고 '정신 승리'를 해버린다.

홈쇼핑 전략 중 하나가 바로 이것이다. 사실 내용을 잘 들어보면 혜택도 혜택이지만 지금 선택하지 않으면 손해라는 데 초점이 맞춰져 있다. 보통 인간은 손실을 감수하는 것에 더 민감하게 반응하기 때문에 이 전략은 의외로 잘 먹힌다. 혜택을 놓치는 것은 감내할 수 있어도 나만 몰라서 손해 보는 건 피하고 싶은 것이다.

그래서 '초특가 마지막 세일, 마감 임박, 역대급 구성, 마지막 방송'이란 멘트에는 대부분 지금 선택하지 않으면 손해라는 암시가 담겨 있다. 이렇게 역대 최고치를 기록 중인 인터넷 쇼핑은 불필요한 물건까지 대거 사들이게 하는 결과를 낳고 있다.

회초리 토크

핵심은 싼 물건이 아닌
나에게 정말 필요한 물건을 사는 데 있다.

최근 중고 거래 앱과 사이트가 활성화되고 인터넷 쇼핑이 최고의 주가를 올리는 이유도 이와 무관하지 않다. 소비자가 쇼핑을 할 때 생각할 여유를 주지 않고 몰아붙이는 탓에 사고 난 후 뒤늦게 불필요한 물건이라는 것을 깨닫는 경우도 잦다. 그 결과 중고 물품 거래 횟수가 늘어난다.

지난 6개월간의 쇼핑 영수증을 펼쳐놓고 천천히 살펴보자. 결제 3심제도를 거쳐 쇼핑을 하는 필자조차 영수증을 보면 가끔은 불필요한 지출이 눈에 띈다. 이런 불필요한 영수증을 한 달에 2~3개만 막아도, 1년간 온갖 신경을 써야 하는 반면 벌어들이는 수익은 불확실한 주식 투자보다 나을 것이다.

머니 트레이너의 한마디

필요한 물건을 사면 아무 일도 일어나지 않는다. 소비 문제 중 대부분은 필요 없는 물건을 사는 데서 발생한다. 필요한 물건이란 있어서 좋은 것이 아니라 없으면 안 되는 것이다.

당근 온도 99도에 도전?
중고 거래도 중독이다

박유경(미혼·33세·H미디어) 씨는 대학 시절부터 지방에서 서울로 혼자 올라와 생활하는 7년 차 직장인으로 30대 초반치고는 적지 않은 월급인 450만 원을 받는다. 내년에 결혼할 계획이라 예비 신랑과 신혼집을 알아보는 중인데 워낙 비싸진 서울 집값에 결국 '현타'가 오고 말았다고 한다.

왜 이리 모아놓은 돈이 없는지 원인을 찾아봤지만 딱히 떠오르지 않았다. 특별한 사치를 하는 스타일은 아니라고 스스로 말하는 그녀의 영수증을 들여다보면 실제로 소득에 비해 엥겔지수도 낮은 편이고 코로나19 이전에도 멀리 여행 다니는 것을 그다지 좋아하지 않아 여행 비용도 별로 들지 않는 편이었다. 그럼 도대체 무엇이 문제일까?

월 소득 450만 원 박유경 씨의 지출 내역

고정 지출	교통비, 통신비	15만 원
	전세 대출이자	25만 원
	부모님 용돈	30만 원
	공과금, 관리비	20만 원
	주식비	20만 원
	정기적금	80만 원
	청약저축	2만 원
	CMA	200만 원
	보험료	5만 원
변동 지출	외식비	30만 원
	쇼핑비	15만 원
	문화생활비	10만 원
	경조사비	10만 원
	기타 예비비	10만 원

그녀의 월평균 순지출은 190만 원으로 소득 대비 40% 수준이었다. 게다가 당근마켓 온도가 70℃를 넘어 80℃에 육박한다고 하는데 과거에 한창 유행했던 아나바다 운동이 떠오를 만큼 당근마켓 마니아였다.

보통 당근마켓 마니아라고 하면 쓰던 물건을 되팔아 수익을 거두고 필요한 물건도 중고 거래를 통해 구입하는 그야말로 아끼고 절약하는 사람의 대명사로 여겨진다. 그러나 그녀의 거래에는 이상한 점이 있었다. 바로 거래 횟수와 금액이 범상치 않다는 것이다. 이번 달 거래 금액은 무려 500만 원을 넘기도 했다. 헉! 테러블!

무슨 물건을 사고팔길래 월 거래 금액이 자신의 월급보다 많은 것일까? 물건은 종류를 가리지 않았다. 거의 모든 물건을 거래했다. 가방, 액세서리, 구두, 옷부터 주방용품에 전자제품까지, 그녀는 사들이는 모든 물건은 거의 되팔면서 남들이 파는 물건을 구매하는 프로 당근마켓러였던 것이다. 그러니까 CMA 통장에 매월 200만 원 이상 이체하는 것은 저축이 아니라 당근마켓으로 물건을 사들이고 팔기 위한 일종의 운영 자금 같은 것이었다.

이 운영 자금을 넣어둔 CMA 계좌에는 현재 1,000만 원 넘는 돈이 들어 있다. 그녀는 중고 물품을 사들여서 되팔기보다 본인이 인터넷으로 새 제품을 산 후 사용 후기를 작성하고 구매가보다 훨씬 더 저렴한 가격으로 되팔아서 다른 중고 구매자에게 '혜자 언니'라는 별칭을 얻을 정도였다.

유경 씨에게 중고 물품을 구매한 사람들은 사용 후기를 통해 '고맙다' '정말 잘 쓰고 있다'라는 폭풍 칭찬을 남기고 그녀는 그런 칭찬에 언젠가부터 이상하리만큼 뿌듯함과 희열을 느끼게 되었다. 그녀는 그야말로 중고 거래 앱이라는 세상에서 '매너

짱'의 전문 리세일러인 셈이다.

회초리 토크

당근마켓 온도로 발열 체크를 꼭 해보라.
여러분의 온도는 얼마인가.

사실 중고 거래가 취미라고 말하는 사람을 심심치 않게 볼 수 있다. 사회적 거리 두기로 인해 사람을 만나기가 어려워 마스크를 쓰고 잠깐 대면하는 것뿐이어도 그나마 중고 거래를 통해 사람 만날 일이 생긴다며 〈국민 영수증〉에 웃지 못할 사연을 올리는 분도 있었다. 박유경 씨의 경우에도 격려와 칭찬이 메마른 세상에서 누군가가 건네는 감사 한마디가 그녀의 삶에 활력을 주는 것일지도 모른다.

하지만 이런 선 넘은 중고 거래는 그녀에게 보이지 않는 과소비를 불러일으켰다. 보통 새 제품을 산 가격보다 30% 혹은 거의 반값에 내다 파는 일이 다반사이다 보니 당연히 받는 돈에 비해 새 제품을 구매하는 비용이 많아졌다. 매월 CMA에 충전하는 200만 원이 쇼핑 비용으로 고스란히 사라져버리는 셈이다.

그녀의 쇼핑 품목과 리세일 경험담을 보고 듣다 보니 독특한 성향이 한눈에 들어왔다. 바로 중고 거래 앱에 푹 빠진 사람들에게만 나타난다는 몇 가지 특징이다.

① 비싼 물건도 고민 없이 과감하게 쇼핑한다

아무래도 되팔 수 있다는 생각을 하면 앞에서 언급한 결제 3심제도처럼 장바구니에 담고 고민하는 절차를 생략하기 일쑤다. 샀다가 마음에 들지 않거나 필요 없다는 판단이 들면 언제든 되팔면 그만이라고 생각하기 때문이다.

② 자신보다 대중의 취향을 고려해 쇼핑한다

무의식중에 어떤 물건을 사든 다시 팔아야 한다는 생각에 사로잡히면 자신의 취향보다는 대중의 취향을 고려해 물건을 구입하게 된다. 이런 성향이 강해지면 새 물건을 구매해 자신이 사용하는 기간은 점점 더 짧아진다. 리세일을 통한 손실 금액이 자꾸만 늘어나는 것이다.

③ 쇼핑한 물건을 제대로 사용하지 못한다

구입한 물건 중 거의 모든 제품은 포장을 뜯었어도 박스와 제품을 보호하기 위해 붙어 있는 비닐은 그대로 두는 것이 대부분이다. 자신이 필요해서 구입한 물건이지만 언제 되팔아야 할지 모르니 마음 놓고 쓰지 못하는 것이다.

과거 유행한 아나바다 운동은 '아껴 쓰고, 나눠 쓰고, 바꿔 쓰고, 다시 쓰고'의 줄임말로 절약의 대명사였다. 반면 요즘 중고 거래 앱을 보면 그런 취지의 거래보다는 되파는 과정에서 절약은커녕 과소비만 늘어나는 경우가 더 많으니 정말 조심해야 한다.

여러 번 강조하지만 필요한 것이란 있어서 좋은 게 아니라 없으면 안 되는 것을 말한다. 꼭 필요한 것만 구입한다면 되파는 일도, 돈을 잃는 일도 없을 것이다.

머니 트레이너의 한마디

남의 시선을 지나치게 의식하면 잘못된 소비 습관이 생긴다. 다른 사람들에게 받는 칭찬보다 스스로에게 받는 칭찬이 더 중요하다. 자기 자신을 칭찬하는 데 더 많은 관심을 가져보자.

김경필의

오늘은 짠테크

내일은 플렉스

혼쭐 2단계
모으기

이 험한 세상,
1억 원도 없이 살아남겠다고?

정기적금이
수익률이 낮다고?

"이제는 월급만 모아서 부자가 될 수 없는 시대다"라는 말이 있다. 그런데 이 말은 역설적이게도 당장은 월급이라도 모아야 한다는 뜻이기도 하다. 월급만 모아서는 안 되겠지만 월급조차 안 모은다면 더 이상 말할 필요도 없다. 최소한의 투자가 가능한 목돈을 손에 쥘 때까지 하루라도 빨리 돈을 모아야 하기 때문이다. 따라서 사회 초년생에게 목돈 만들기가 중요하다고 아무리 강조해도 지나치지 않는다.

회초리 토크

> 월급만 모아서는 부자가 될 수 없다.
> 그러나 시작은 역시 돈 모으기부터다.
> 그 시작도 못 하고 있는 것 아닌가?

필자는 대학 시절부터 지금까지 꽤 오랜 세월 주식 투자를 해왔지만 목돈을 만들 때 적금과 주식 중 어떤 것이 더 낫냐는 질문을 받으면 항상 정기적금이 먼저라고 답했다. 처음 목돈을 모을 때는 정기적금이 더 유용하기 때문이다. 투자의 시대에 적금을 들라니 의아해할 수도 있지만 다 이유가 있다. 처음 목돈을 모을 때 정기적금이 우선인 이유는 무엇일까?

박은하(미혼·30세·공무원) 씨는 임용 6년 차 지방 행정직 공무원이다. 그녀는 취업한 후 부모님께 월급 통장을 맡기고 용돈을 받아 썼다. 부모님이 3년은 돈을 맡아 관리해주겠다고 했기 때문이다. 매월 용돈을 받고 더 필요한 곳이 생기면 부모님께 말씀드려 추가로 돈을 타서 쓰는 방식으로 3년이란 시간을 보냈다.

3년 후 통장을 돌려받은 그녀는 예상을 뛰어넘는 큰 액수에 놀라지 않을 수 없었다. 통장에는 7,550만 원이 들어 있었다. 당시 27세의 사회 초년생이던 은하 씨에게는 정말 큰돈이었다. 부모님은 내 집을 마련하려면 초기에 목돈을 모아두는 것이 중요하다고 늘 강조하셨다. 아파트 청약에 당첨되어도 분양가의 20%인 계약금과 3년간 받는 중도금 대출을 제외한 10%의 중도금이 필요하다. 또 기존 주택을 전세 끼고 사두려고 해도 목돈은 필수다.

그녀는 2019년 말부터 부모님이 모아주신 목돈을 스스로 관리하기 시작했다. 이런 그녀의 돈 관리에 획기적인 변화가 생겼는데, 바로 2020년 3월 시작된 코로나19 팬데믹 때문이었다. 코로나19 공포는 전 세계 주가를 대폭락으로 몰아넣었다. 코스피 지수는 1,458까지 무려 33.7% 하락했고, 다우존스 지수는 18,591까지 36.5% 떨어지는 경이적인 하락률을 기록했다.

이때만 해도 예·적금만 하던 은하 씨에게는 아무 상관도 없는 일이었다. 이런 주식시장의 대혼란도 그저 강 건너 불구경하듯 바라볼 수 있었다. 당시 시장에서는 한동안 주가가 회복되지 못할 것이라는 L자형 전망이 우세했다.

하지만 예상과 달리 증시는 3개월 만에 V자 반등에 성공했다. 위기에 적응한 투자자들이 저가에 주식을 사두려는 수요가 폭발해 이른바 '동학 개미 운동'이 일어난 것이다. 국내 주식은 대폭락이 무색할 만큼 회복했고 사상 최고치를 경신했으며, 그 이후로도 무섭게 상승 곡선을 그렸다. 코로나19 이후 경기가 크게 개선될 것이라는 기대감이 더해지면서 위험 자산을 선호하는 분위기가 확산했기 때문이다.

은하 씨는 그때까지도 주식에 관심이 없었다. 주가가 계속 오르기만 하는 것도 아닐 테고 잘 모르는 것에 투자하는 게 꺼림칙했기 때문이다. 하지만 2020년 가을 무렵이 되자 주위 모든 사람의 관심이 온통 주식에 쏠렸다. 만나면 모두 주식 이야기를 하느라 바빴고 버스나 지하철을 타면 온통 휴대폰으로 주식 시세를 들여다보는 사람뿐이었다.

주식을 통해 단 몇 개월 만에 20~30%의 수익률을 올렸다는 등 '대박 성공'을 거두었다는 무용담이 흔한 화젯거리로 올랐다. 3개월 만에 원금 1,000만 원을 가지고 500만 원을 벌었다는 동료들의 이야기 또한 흔하게 들려왔다. 이런 주변 이야기를 듣고 있자니 더 이상은 주식 투자를 외면하기 어려웠다. 아무것도 모른 채 과감히 주식을 사들이는 동료들의 모습에 용기를 얻은 그녀는 마침내 주식에 과감하게 분산 투자하기로 결심했다.

은하 씨는 부모님에게 통장을 돌려받은 지 정확히 1년 후인 2020년 11월 주식 투자에 첫발을 들였다. 처음에는 1,000만 원으로 시작했지만 몇 주 지나지 않아 재산의 절반이 넘는 5,000만 원을 주식에 밀어 넣었다. 정기적금까지 깨고 매월 주식을 사들였는데 초반부터 성공적이었다. 투자를 시작한 2020년 11월 이후 불과 3개월 만에 660만 원을 벌었다. 수익률은 12%였다.

자신이 말로만 듣던 무용담의 주인공이 되었다고 생각한 그녀는 한껏 고무되었다. 왜 그동안 이자율이 1~2%에 불과한 예·적금에 매달렸는지 헛웃음이 나왔다. 그때부터 주식을 사모으기로 다짐하고 그나마 남아 있던 정기적금마저 모두 해지했다. 성공에 취해 자기 과신self confidence으로 가득 찬 '주린이'가 또 한 명 탄생하는 순간이었다.

하지만 계속 오르던 주가는 기관과 외국인의 매도가 이어지면서 2021년 2월부터 상승세가 한풀 꺾였다. 그럼에도 단기간에 고수익을 맛본 개미들은 지금이 저가 매수할 기회라며 더욱 적극적으로 주식을 사들였다. 그런데 웬일인지 개인들의 매수세에도 주가는 더 이상 반등하지 않았다.

그녀의 투자 수익률은 2021년 1월 17%로 최고점을 찍었다. 하지만 그 이후 계속 주식을 사 모아 원금이 6,500만 원까지 늘어났음에도 수익금은 계속 줄어들었다. 롤러코스터를 타듯 3~4개월의 짜릿한 상승세를 경험했지만 1년 가까이 주가 정체가 이어지면서 답답한 상황에 처했다.

하지만 짧은 순간 고수익을 맛본 짜릿함은 쉽게 지워지지 않는 경험이었나 보다. 주변에서는 하락할 때 더 사야 한다고 은하 씨를 부추겼다. 사실 떨어지는 국면에서 주식을 또 사는 것은 쉬운 결정이 아니다. 그렇다 보니 그녀는 이전보다 반도 안 되는 금액으로 투자를 지속했다.

이렇게 간헐적으로 투자하던 그녀에게 큰 공포가 닥쳐왔으니 바로 2021년 10월 찾아온 주가 조정이었다. 그녀는 1년간 거둔 수익금 전부를 이때 고스란히 반납했다. 투자 원금 6,500만 원에서 수익률 −4.3%, 즉 280만 원이 사라졌다. 주식에 투자한 1년 동안 4개월은 고수익, 6개월은 정체, 1개월은 하락을 경험했는데, 그 1개월의 여파로 수익률은 마이너스가 되었다.

돌아보면 마이너스는 투자에만 있는 게 아니었다. 주식 투자로 최대 1,000만 원이라는 수익을 올린 후 자기 자신을 과신하게 되면서 소비 패턴에도 큰 변화가 생겼다. 그 전보다 소비가 무척 과감해진 것이다.

번 돈을 자신한테 더 유용하게 썼다면 모르겠지만 불필요한 지출이 훨씬 더 많았다. 적금을 넣을 때는 월 100만 원 이내로 생활할 수 있었는데, 자동이체로 빠져나가지 않는 돈이 통장에 남아 있다 보니 주식을 사들이지 않은 달에는 소비가 끝도 없이 폭발했다.

사실 지난 1년 동안 아침에 눈을 뜨고 밤에 잠들 때까지 휴대폰으로 주식 시세를 들여다보는 재미로 보냈다. 그런데 한시도 휴대폰을 놓지 않고 많은 시간을 쏟은 결과가 결국 마이너스라고 생각하니 허탈감이 밀려왔다. 그녀가 이번 투자를 통해 새롭게 깨달은 2가지 사실이 있다.

주식 투자를 할 때 기억해야 할 2가지

① 현금화하지 않으면 수익이 아니다.
② 주가 하락기에 주식을 산다는 것은 쉽지 않은 일이다.

그녀는 부모님이 돈을 관리해준 3년간 받은 월급과 상여금, 수당이 얼마인지 계산해보았다고 한다. 3년 동안 받은 총소득은 정확히 9,852만 원, 월평균 273만 원에 불과했다. 그러니까

이 월급으로 7,550만 원을 만든 것이다.

부모님은 매월 정기적금을 들고 수당은 따로 모았다가 추가 용돈을 제외한 금액만큼 단기예금에 넣었다. 상여금으로는 정기예금을 들었다. 그녀는 이게 어떻게 가능했을까 생각해보았다. 남들처럼 휴가도 갔고 필요한 것이 있으면 돈을 타서 쇼핑도 했는데 말이다. 이것이 가능했던 이유는 부모님에게 돈을 맡긴 덕분에 쓸데없는 소비를 할 틈이 없었기 때문이다.

평소 정해진 예산으로 생활하고 여행, 이벤트, 경조사 같은 계절 지출이 생기면 돈을 타서 쓰다 보니 이게 정말 꼭 필요한 지출인지 스스로 생각해보는 습관이 자연히 생긴 것이다. 즉, 불필요한 지출을 걸러내는 필터링이 가능했다. 그 3년 동안 그녀는 매월 80만 원 정도를 소비한 셈인데 큰 불편함을 느끼지 못했다.

물론 주식 투자도 장점이 있다. 하지만 목돈을 만들어야 하는 사회 초년생에게는 경계해야 할 부분이 더 크다. 한동안 TV만 틀면 나오던 유명한 주식 전문가는 "주식을 저축하듯 사 모아라" "10년 이상 주식에 장기간 투자하라"라는 말을 했다.

맞는 말이지만 결혼, 독립, 내 집 마련이라는 단기 목표가 있는 직장인의 현실과는 사실상 동떨어진 얘기다. 주가 하락기에 공포감을 이기고 계속 주식을 사들이기는 말처럼 쉽지 않기 때문이다.

2022년 6월 현재 시장금리가 상승해 1금융권은 연 2% 후반, 저축은행은 3% 정도의 이자율을 적용하지만 적금 이자율은 여전히 매력적이지 않다. 그럼에도 그녀가 경험한 4년간의 정기적금과 1년간의 주식 투자를 비교해봤을 때 정기적금이 목돈을 만드는 데 더 효율적이었던 이유는 무엇일까?

물론 이것을 단순 비교하기는 어렵다. 주식시장에는 언제나 상승기가 있고 하락기가 있기 때문이다. 하지만 분명한 사실은 투자에는 확실한 것이 하나도 없다는 점이다.

회초리 토크

주식 투자는 스포츠와 같아서 항상 이길 수는 없다.
실제로 주식시장에 오래 머물면 질 때가 훨씬 많다.

수익을 냈을 때는 "주식 투자 별거 아니네"라는 자기 과신이 생길지 모르지만 주식시장에 오래 머물다 보면 반드시 돈을 잃는 시기도 있기 마련이다. 유경 씨가 지금의 목돈을 만들 수 있었던 비결은 바로 자동이체로 보내는 정기적금이다.

정기적금은 시간이 지나면 원금이 계속 늘어나 돈이 쌓이고 그 때문에 자연스럽게 소비를 통제할 수 있는 반면, 주식은 매월 똑같은 원금을 투자하기 어렵다. 주식 투자는 어느 순간 원금의 증가율보다 수익률에 매몰되기 십상이다.

이러한 투자는 특히 사회 초년생의 소비를 부추기기 때문에 결과적으로 목돈을 만드는 데 생각보다 걸림돌로 작용하는 경우가 많다. 정기적금은 마치 엄마한테 돈을 맡기는 것처럼 꼭 필요한 곳이 아니면 허투루 돈을 쓰지 못하게 한다. 내 돈을 지켜주는 보이지 않는 +α의 수익률이 있음을 잊지 말자.

시쳇말로 어딘가에 '코가 꿰어' 돈을 모으지 않으면 결국 쓸데없이 돈을 써버리고 만다. 분명히 말해두는데, 이 세상에서 내가 돈을 모으는 걸 방해하는 단 한 사람은 바로 자기 자신이다.

정기적금엔 보이지 않는 +α의 수익률이 있다. 주식 투자의 화려한 수익률에 현혹되어 그저 눈에 보이는 수익액이 당신의 것이라고 착각하지 않기를 바란다. 그 주식을 팔아서 통장에 돈이 들어온 게 아니라면 당신의 것이 아니다. 언제 어떤 일로 주식시장에 변동이 생길지 모르는 일이기 때문이다. 모니터 화면에 표시된 붉은색 숫자는 통장 예금 잔고가 결코 아니다.

회초리 토크

정기적금과 주식 투자 수익률을 비교한다고?
절대 보이는 것이 다가 아니다.

사회 초년생이라면 목돈을 어느 정도 만들 때까지는 위대한 자동이체의 힘을 빌려야 한다. 눈이 오나 비가 오나 기분이 좋든 나쁘든 딴생각을 하든 말든 돈을 강제로 빼서 적립하다 보면 어느새 목돈이 만들어진다. 이런 기본적인 저축을 하고 남는 여유 자금으로 주식에 투자하는 것이 좋다.

머니 트레이너의 한마디

주식시장의 역사를 보면 수년간의 상승장도 있지만 그 반대로 수년간의 하락장도 존재한다. 주식 해서 집 샀다는 사람이 없는 이유는 주식 해서 돈을 벌면 집을 사는 것이 아니라 또다시 주식에 투자하기 때문이다. 그래서 결국 주식 해서 돈을 번 사람이 거의 없는 것이다.

첫 번째 목돈,
절대 모험하지 마라

초등학생들은 시험에서 100점을 맞으면 빛의 속도로 엄마에게 달려간다. 엄마는 기뻐하며 칭찬해주지만 곧이어 이런 질문을 던진다.

"그런데 너희 반에서 몇 명이나 100점을 맞았니?"

100점의 절대 가치보다 상대 가치가 더 궁금하기 때문이다. 그렇다. 중요한 건 바로 상대 가치다.

재테크도 마찬가지다. 아파트값이 5,000만 원 올랐다고 너무 좋아할 필요는 없다. 만일 길 건너 아파트는 1억 원이 올랐다면 다시 씁쓸해질 수도 있다. 결국 우리 아파트가 5,000만 원 떨어진 셈이기 때문이다.

지난 30년간의 코스피 지수를 잘 살펴보면 주식 투자는 연간

10~20%의 높은 수익률을 기록한 적이 많다. 특히 2020년 3월 코로나19 팬데믹 이후 일어난 개인 투자 붐은 단시간 내에 주가를 놀랄 만큼 상승시켰다.

하지만 '높은 수익률을 기록했다'라는 사실은 기록일 뿐, 실제로 수익을 거두었다는 의미는 아니다. 코스피의 역사를 살펴보면 상승 구간도 있는 반면 하락 구간도 있으니, 정확히 상승 구간에만 투자해서 수익을 현금화하기는 불가능하기 때문이다.

코스피 지수 변화 추이

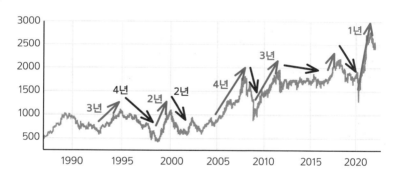

특히 독립, 결혼, 내 집 마련 등에 돈을 써야 하는 직장인 입장에서 큰돈을 장기간 주식시장에 넣어두기는 현실적으로 불가능에 가깝다. 그럼에도 TV만 틀면 나오는 주식 전문가는 무조건 장기 투자만이 답이라고 말한다.

외국에서 오랜 세월을 보냈다는 그 주식 전문가는 우리나라 직장인의 평균 월급이 얼마인지도 잘 모른다. 또 월급 중 생활비를 제외하고 실제 투자하는 데 쓸 수 있는 자유재량 소득 discretionary income이 얼마나 되는지도 잘 모른다.

물론 결과론이기는 하지만 큰돈을 주식시장에 10년 이상 장기 투자했다면 코스피의 지수 변화 추이에서 볼 수 있듯 어느 시점에 시작했더라도 예·적금보다는 높은 수익을 거둔 것처럼 보인다. 그러나 마치 롤러코스터 같은 주식시장에 큰돈을 묻어두고 10년이란 긴 세월을 흔들림 없이 견뎌냈다는 직장인을 본 적은 없다.

10년 이상 장기 투자는 말처럼 쉬운 일이 아니다. 설사 그것을 실천에 옮긴 직장인이 있다고 가정해보자. 그렇다고 해도 그는 돈을 모아 집을 산 사람보다 훨씬 부자가 되어 있지는 않을 것이다. 부富는 상대 가치이기 때문이다.

그는 그 장기 투자의 대가로 내 집 마련을 포기했을 테고, 그 기회비용은 만만치 않았을 것이다. 우리가 알다시피 지난 30년간 주식시장의 상승률 이상으로 주택 가격 상승률이 높았다. 주식 투자만 고집한다면 내 집 마련 포기라는 기회비용을 지불하게 된다.

최근 집값의 급격한 상승은 비단 우리나라만의 문제는 아니다. 전 세계가 금리를 낮추고 재정과 통화정책을 동원해 마치 수도꼭지를 틀어놓은 듯 엄청나게 많은 돈을 푼 결과 현금보다 실물 자산 가격이 급격히 상승한 것이다.

이는 단기적으로 금리 인상이나 대출 규제 등에 의해 집값이 안정된다 해도 장기적으로는 그 상대 가치가 절대로 줄어들지 않을 것이라는 전망을 가능하게 한다. 따라서 최단 기간에 내 집을 마련하기 위해 필요한 최소 자본을 모으는 일은 무주택자, 사회 초년생에게 매우 중요한 재테크 과제인 것이다.

사실 짧은 시간 안에 큰 수익과 큰 손실이 모두 가능한 주식 투자와 100% 확실한 금액을 만드는 정기적금을 단순 비교하는 것은 의미가 없다. 마치 등산화와 구두를 놓고 어떤 것이 더 좋은 신발인지 고민하는 것과 비슷하기 때문이다. 산에 오를 때는 등산화가, 정장을 입을 때는 구두가 더 적합하듯 상황에 따라 다르니 말이다.

짧은 기간 동안 정해진 목돈을 모을 때는 변동성이 적어야 한다. 계획된 그 날짜까지 약속한 그 금액이 꼭 필요하기 때문이다. 따라서 이자가 적어 수익률로 봤을 때 비효율적인 것처럼 보여도 이 시기는 변동성이 없는 정기적금에 집중해야 한다.

아직 수중에 최소한의 목돈조차 없는 사회 초년생이 변동성 큰 주식에 지나치게 큰 비중으로 투자하는 일은 바람직하지 않다. 주식이란 언제든 되팔 수 있는 자산이라고 생각할 수도 있겠지만 원금을 회복하는 데 매우 오랜 시간이 필요한 경우도 있기 때문이다.

머니 트레이너의 한마디

육상경기 중 마라톤 같은 장거리경주의 주법을 100m 같은 단거리 경주에 그대로 적용할 수 없듯, 장기 투자에 요구되는 원리를 단기간 목돈을 마련하는 데 적용하는 것은 바람직하지 않다.

주식에 10년 투자하면
부자가 될 수 있을까?

'주린이'들이 주식 투자를 시작하면서 가장 많이 듣는 말은 바로 가치 투자와 장기 투자다. 그중에서도 우량주에 10년 장기 투자하면 반드시 성공한다는 말을 많이 들었을 것이다. 과연 사실일까?

앞서 이야기한 대로 재테크는 상대 가치다. 따라서 주식에 10년 장기 투자한 결과를 알아보려면 같은 기간 다른 자산에 10년 투자한 결과에 비해 얼마나 더 성공적인지 살펴봐야 한다.

우선 우리나라 주식시장을 대표하는 코스피 지수를 살펴보자. 현재 약 800개 넘는 기업이 상장되어 있는데, 코스피 지수는 1980년 1월을 100으로 놓고 그 이후 가격 변동을 수치로 나타낸 것이다. 흔히 이 지수의 그래프를 두고 주식이 우상향하는 모습을 보인다고 말한다.

그러나 지수란 말 그대로 수많은 기업의 가중평균 가격 변동을 나타내는 것이므로 전체 시장이 아닌 개별 자산에 투자한 결과는 그야말로 천차만별이다. 지난 10년간 코스피 지수는 약 36.8% 상승했지만 개별 종목의 상황은 크게 다르다는 얘기다.

2012년 국내 증시를 대표하는 우량주로서 장기 보유하면 좋을 것이라고 전문가들이 추천한 대표적인 코스피 종목의 지난 10년간 수익률을 살펴보자. 삼성전자, 현대차, 포스코, 한국전력, 네이버, 현대상선, KT&G, 현대모비스, 대한항공, 삼성생명 등 이름만 들어도 알 수 있는 종목들이다.

10년이면 강산도 변한다는 긴 세월이다. 이런 긴 세월 동안 변동성 높은 주식시장에 투자한다는 것은 결코 쉽지 않은 일이다. 그것도 결혼, 독립, 내 집 마련이라는 기본적인 재무 목표를 세운 직장인이라면 더욱 그렇다. 그럼에도 긴 시간 동안 장기 투자를 했다면 당연히 수익률이 높으리라고 생각할 것이다.

하지만 결과는 그렇지 않다. 놀랍게도 코스피 지수가 10년간 48% 상승한 것에 비해 한때 전체 시장 시가총액의 30%까지 육박했던 삼성전자와 네이버 정도를 제외하면 하락한 종목이 훨씬 많다. 그것도 전문가들이 우량주로 지목한 대표 종목이 모두 그렇다.

2012년 3월 대비 2022년 3월 주가 변화율

종목	변화율(%)
삼성전자	172.9(↑)
현대차	22.5(↓)
포스코	22.8(↓)
한국전력	1.1(↑)
네이버	317.2(↑)
HMM(구 현대상선)	83.9(↓)
KT&G	0.37(↑)
현대모비스	24.9(↓)
대한항공	12.1(↓)
삼성생명	33.4(↓)

회초리 토크

현재 대한민국 직장인이 갖고 있는 가장 잘못된 신념은
바로 '주식에 투자하면 성공한다'라는 것이다.

2022년 6월 발생한 긴축에 대한 우려로 주식이 크게 조정된 것을 반영하면 마이너스 폭은 훨씬 커진다. 지수가 올라간다고 모든 종목이 상승하는 것은 절대 아니란 말이다. 10년 동안 화폐가치가 하락한 것까지 감안하면 실제 손실 금액은 이보다 훨씬 크다고 봐야 한다. 10년간 주가가 오르지 않았어도 엄청난 손실인데 하락하기까지 했다면 장기 투자의 결과는 그야말로 끔찍한 수준이 아닐 수 없다.

물론 보유 기간에 배당 수익을 주는 주식도 있다. 하지만 우리나라 기업들의 배당 성향은 최근 많이 높아지기는 했어도 예금 금리에 못 미치는 경우가 많고 그나마도 몇몇 기업에 국한된 이야기다. 따라서 앞의 2012년 대비 2022년 주가 변화율에서 나타난 하락률은 더욱 뼈아프다.

위 기업들이 성장을 멈추거나 영업이익이 마이너스를 기록해서 주가가 곤두박질친 걸까? 그렇지 않다. 대부분의 기업은 멀쩡히 수익을 내고 있으며 영업이익이 증가하기까지 했다. 그런데 왜 주가는 10년간 하락해온 것일까?

주식 초보자들은 주가란 기업이 성장한다고 해서 올라가는 것이 절대 아니라는 사실을 분명히 알아야 한다. 오늘의 주가는 현재가 아닌 미래의 기대감을 반영하는 것이므로 상당히 고평가되었다고 할 수 있다. 이 주가는 현재 시장이 품고 있는 기대감을 뛰어넘는 성장이 이루어질 경우에만 상승한다. 성장하더라도 시장의 기대감을 뛰어넘는 수준이 아니라면 상승하지 않는다.

지금 이 시점에서야 당연히 누구든 상승한 종목을 보고 그 이유를 납득할 수 있지만, 주식 초보자들이 미래에 시장의 기대감을 뛰어넘을 종목을 딱딱 찍어낼 수는 없다. 주식시장에서는 장기 투자로 상승하는 종목보다 하락하는 종목이 훨씬 많다. 주식 초보자들이 무작정 하는 장기 투자가 얼마나 위험한 일인지 다시금 생각해봐야 한다.

머니 트레이너의 한마디

증권회사가 발표하는 주가 전망에는 하락이란 말이 없다. '상승' 아니면 '조금 있다 상승' 아니면 '한참 후 상승'뿐이다. 이것이 주식 초보자들에게 판타지를 심어준다. 역사가 보여주듯 장기 투자하면 극히 일부 종목만 많이 오른다. 대부분은 큰 손실이 기다리고 있다. 극히 일부를 골라낼 자신이 있다면 장기 투자를 해도 좋다. 참고로 증권회사들도 수십 년간 그런 종목을 골라내지 못했다.

부자가 되고 싶다고?
일단 1억 원부터 모아라

많은 젊은이가 주식 투자를 하면서 적금은 멀리하는 경향이 있다. 하루에 몇십 퍼센트 수익 달성도 가능한 주식이 아닌, 1년을 꼬박 기다려봤자 겨우 2~3%의 수익을 올리는 적금을 비효율적이라고 생각할 수도 있다.

그런데 정말로 저축이 비효율적일까? 물론 '성공한' 주식 투자와 비교하면 그렇게 느껴질 수도 있다. 하지만 주식 투자를 해서 손실이 발생하는 경우도 다반사다.

항공기가 인천공항에서 LA공항까지 1만 km를 비행할 때 가장 많은 연료를 소모하는 비효율적인 구간은 바로 이륙 구간이다. 이때 엄청나게 많은 연료를 쏟아붓지만 비행해야 할 총거리의 0.01%인 고작 11km만 날아오르기 때문이다.

사실 이륙 구간은 절대 비효율적이지 않다. 단시간에 무거운 기체를 성층권에 올려놓아야 공기저항 없이 적은 연료로 빠르고 안전하게 비행할 수 있기 때문이다. 이륙이란 반드시 정해진 시간에 안전한 상공으로 날아올라야만 하는 것이며, 그 어떠한 변수도 허용되지 않는다.

직장인의 첫 목돈 모으기도 이와 비슷하다. 단기간에 어떠한 변수도 없이 일정 금액의 목돈을 만들어야만 더 나은 투자를 할 수 있다. 일정 수준의 상공까지 오르면 쉽게 비행할 수 있는 것처럼 일정 수준의 목돈, 즉 최소 자본이 마련되면 그 전보다 훨씬 수월하게 돈을 불려나갈 기회가 생긴다.

부자란 근로소득보다 자본소득을 거두는 사람을 말한다. 자본소득은 좁은 의미로는 주식 같은 유가증권의 매매 차익을 뜻하지만 큰 의미로 보면 근로소득을 제외한 생산수단을 통해서 나오는 자본소득을 통틀어 일컫는 말이다.

생산의 3요소는 토지, 자본, 노동이므로 자본은 생산에 필수적인 요소라고 할 수 있다. 하지만 어떤 사람들은 토지와 자본은 노동소득이 아닌 불로소득이라는 이유로 부정적으로 보기도 한다.

그러나 이는 잘못된 생각이다. 노동의 가치가 소중한 만큼 자본의 가치도 소중하다. 자본이 그 역할을 다하지 못한다면 수많은 사람을 고용하고 생산 활동을 불러오는 기업은 아예 존재할 수도 없다. 투자를 통해 생산수단을 늘리는 것은 생산 활동 그 자체이자 또 다른 생산 활동을 가능하게 하는 자본주의의 핵심이기 때문이다.

선진국이란 바로 이런 자본소득으로 부를 이룬 사람이 많은 나라를 일컫는다. 멀리 갈 필요도 없이 우리 주변만 보더라도 장래 희망이 건물주라고 말하는 사람이 많다. 이는 너무도 당연한 것이다. 노동소득에는 한계가 있기 때문이다.

따라서 부자가 되고 싶다면 근로소득에만 머물러서는 안 되고 반드시 자본소득이 같이 발생하는 단계로 넘어가야 한다. 근로소득이 아닌 자본소득을 얻으려면 어떻게 해야 할까?

그 첫걸음은 바로 일정 수준의 자본 즉 종잣돈을 모으는 것이다. 최소 자본에 도달해야 자본소득으로 나아가는 첫 번째 허들을 넘을 수 있기 때문이다. 근로소득에서 자본소득 단계로 넘어가기 위해선 최소 자본 1억 원이 필요하다.

회초리 토크

> 자본소득을 위한 첫 번째 허들은 1억 원이다.

같은 직장인이라도 저마다 처한 환경이 다르고 연봉 또한 천차만별이지만, 그래도 이것저것 따지지 않고 말할 수 있는 하나의 목표는 바로 1억 원이다. 이 1억 원이 바로 자본소득으로 가기 위해 넘어야 할 첫 번째 허들이다.

직장 생활 5년, 아무리 늦어도 7년 안에는 1억 원을 손에 쥐어야 한다. 그 정도 직장 생활을 했으면 누구나 1억 원 정도는 갖고 있지 않을까 생각할 수 있지만, 사실 여러 명의 직장인을 직접 만나보니 7년을 일했음에도 그 금액을 모으지 못한 경우가 많았다.

여기서 말하는 1억 원이란 당장 투자할 수 있는, 인출 가능한 금액을 뜻한다. 모은 돈 전부를 전세 자금으로 썼거나 부모님에게 빌려드렸을 경우는 종잣돈이 있다고 할 수 없다.

종잣돈 1억 원이라는 허들을 넘어서면 무엇이 달라질까? 일정 수준의 목돈을 모으면 '규모의 경제'가 가능하다. 규모의 경제란 자본이 많을수록 수익이 높아지는 경우를 말하며, 일정 수준으로 자본이 증가하면 투자 대상도 확대될 수밖에 없다. 우선 현실적으로 자본소득의 단계로 넘어가는 데 1억 원이 어떤 의미를 지니는지 알아보자.

1억 원은 결혼하는 데 필요한 최소한의 자본이 될 수 있다

우리나라 인구 1,000명당 혼인 건수는 2020년 4.2건으로 역대 최저치를 기록했을 정도로 가파르게 하락하고 있다. 그런데 비혼 가구가 늘어날수록 혼인 가구와 비혼(1인) 가구의 경제력 차이도 벌어진다.

최근에는 자녀 없이 맞벌이하는 딩크족 또는 둘이 벌면서 한 자녀만 둔 경우가 많은데 이들은 경제적으로 1인 가구에 비해 유리할 수밖에 없다. 또 청약 제도 중 생애최초특별공급은 전체 물량의 70%를 혼인한 가구에만 공급하며 지금 한창 사전 청약 중인 3기 신도시도 전체 물량의 50%가 신혼희망타운, 나머지 50%에서도 절반 이상(신혼부부 30%, 생애최초 25%)은 반드시 혼인을 해야만 청약할 수 있다. 그만큼 청약에서도 결혼한 가구가 유리하며, 비혼인 1인 가구는 상대적으로 청약의 문턱이 높다.

예전부터 어른들은 결혼해야 돈이 모인다는 이야기를 자주 했다. 생각해보면 결혼이란 책임감을 키우고 뚜렷한 목표를 설정하게끔 하는 효과가 있기 때문에 재테크에서 눈에 보이지 않는 시너지로 작용한다. 물론 요즘은 결혼이 선택의 문제가 되어버렸지만, 경제적 여건만 갖춰진다면 비혼보다 결혼이 훨씬 유리하다는 사실은 분명하다. 따라서 결혼이야말로 또 다른 차원의 자본소득으로 나아가는 디딤돌이다.

1억 원은 청약 가능한 최소한의 자본이 될 수 있다

1인 가구라도 내 집 마련은 필수다. 특히 최근 생애최초특별공급 물량 중 30%를 1인 가구에 추첨제로 공급하도록 청약 제도가 바뀌었다. 1인 가구도 청약을 통해 내 집 마련의 첫걸음을 내디딜 수 있게 된 것이다.

청약은 한 번이라도 해본 사람은 알겠지만 종류나 자격 조건의 세부 사항이 워낙 많고 복잡하기 때문에 접근하기 쉽지 않으며, 당첨이 된다 해도 어떻게 자금을 마련할지 막막한 경우가 많다. 청약에 당첨되면 분양가의 10~20%인 계약금과 60%인 중도금을 내고 입주 시 20~30%의 잔금을 치르는 것이 일반적이다.

가령 분양가 5억 원인 아파트에 당첨되었다면 계약금으로 10%인 5,000만 원을 납입하고 3년 동안 3억 원을 중도금으로 납입해야 한다. 중도금은 100% 대출 가능한 경우도 있지만 규제 지역은 분양가의 40%까지만 대출해주므로 중도금 중 1억 원은 자납自納해야 한다. 사정이 이렇다 보니 돈을 모으는 중이라 해도 당첨 시점에 최소 1억 원이 없다면 내 집 마련을 포기할 수밖에 없다.

대한민국에서 부동산, 그중에서도 주택은 자본소득을 얻을 수 있는 가장 대표적인 자산이다. 따라서 청약을 위한 최소 자본 1억 원의 중요성은 아무리 강조해도 지나치지 않다.

1억 원은 갭 투자가 가능한 최소한의 자본이 될 수 있다

주택이란 투자 대상이기 이전에 필수재이지만 최근 주택 가격이 크게 상승하면서 단기간에 내 집을 마련하는 게 불가능해졌다. 하지만 내가 직접 거주하지 않더라도 세입자에게 전세금을 받아 주택을 소유하는 방법도 있다.

아직 독립하지 않았다면, 혹은 주거 문제를 해결했다면 전세를 끼고 주택을 소유하는 '갭 투자'를 하면 된다. 이렇게 세입자의 힘을 빌려 집을 소유하면 자본소득(주택을 소유한 기간 동안 거둔 시세 차익)이 발생한다. 갭 투자는 향후 자신이 원하는 주택을 마련하는 데 중요한 디딤돌이 될 수 있다.

1억 원은 사업소득이 가능한 최소한의 자본이 될 수 있다

대한민국에서 이름난 대기업도 아주 작은 벤처기업에서 출발했다. 어려운 경제 여건 속에서도 다니던 직장을 그만두고 사업에 뛰어드는 사람이 여전히 많다. 또 근로소득을 받는 직장인이 아닌 성공한 사업가를 꿈꾸며 사업체를 일구는 사람도 많다. 이처럼 근로소득 외에 새로운 사업소득을 만들기 위해서도 역시 최소한의 자본이 필요하다.

물론 소규모 사업체라면 초기엔 본인이 노동력을 투입해야만 하는 경우도 많다. 하지만 사업소득의 성장성에는 한계가 없기에 수많은 사람이 사업에 도전한다. 이때 대부분 은행 대출, 즉 타인의 돈을 빌려 사업을 시작하지만 그럼에도 최소한의 자기자본은 필수다. 1억 원은 사업체 운영을 위한 최소 자본금이 되기도 한다.

머니 트레이너의 한마디

항공기는 활주로에서 정해진 시간에 반드시 11km 상공으로 날아올라야 한다. 이는 '되면 좋고 아니면 말고' 식의 선택 문제가 아니라 비행기가 이륙하려면 반드시 해야만 하는 일이다. 여러분도 더 나은 새로운 세상으로 비상하려면 최소한의 자본을 만들어야 한다. 이것은 선택의 문제가 아니다.

내는 돈이 아니라
타는 돈을 기억하라

최예은(미혼·30세·S엔지니어링) 씨는 서울에서 부모님과 함께 거주하며 2년 후쯤 결혼을 계획 중인 3년 차 직장인이다. 그녀는 이제껏 저축보다 주식 투자를 중점적으로 했다.

하지만 예민한 성격 탓인지 장이 열린 시간 동안 휴대폰을 들여다보며 주가에 일희일비하는 일 자체에 큰 피로감을 느꼈다고 한다. 게다가 생각만큼 큰 성과도 나지 않아서 얼마 전 과감히 보유한 주식을 처분하고 저축으로 또박또박 돈을 모아가기로 결심했다. 그런데 예은 씨의 현재 저축 내역에는 몇 가지 문제점이 있다.

월 소득 380만 원 최예은 씨의 저축 내역

청약저축	10만 원
개인연금	33만 원
저축보험	10만 원
K뱅크적금	5만 원
우리은행	30만 원
토스뱅크	10만 원
카카오뱅크 (26주 적금, 매주 1만 원 증가)	20만 원
	총저축액 118만 원

① 저축률 자체가 너무 낮다

예은 씨는 월급의 고작 31% 정도만 저축하고 있었다. 이 정도의 원금으로는 주식 투자로 매년 10% 수익을 올린다고 해도 목돈 1억 원을 모으는 데 5년 6개월이 걸린다. 물론 5년 넘게 연 10% 수익률을 거두는 것도 쉽지는 않다.

② 연금과 저축보험이라는 엉뚱한 항목에 저축하고 있다

이 항목을 보면 예은 씨가 무슨 고민을 했는지 엿볼 수 있다. 당장 주식 투자는 그만두었지만 마땅히 어떤 저축을 해야 좋을지 찾아보던 와중에, 적금 이자율이 워낙 낮다 보니 아마도 다른 혜택이 눈에 들어왔을 것이다. 개인연금의 세액공제 혜택이나 저축보험의 복리 효과 혜택이 바로 그것이다.

그러나 가만히 생각해보면 연금은 무려 25년 후에나 받고, 저축보험은 낮은 금리와 사업비까지 차감하면 아무리 복리 효과가 있더라도 10년 후에는 하락할 화폐가치의 위험에 그대로 노출되는 상품이다. 물론 이 돈을 써버리는 것보다 이렇게라도 저축하는 편이 낫겠지만 결혼·주택 자금 같은 단기 목적의 자금을 준비해야 하는 그녀에게 제1순위의 선택지는 아니다.

③ 디지털뱅크에 가입한 적금이 소액이다

디지털뱅크는 사업을 시작한 초기에 첫 거래를 유도하기 위해 여러 이벤트나 무료 사은품 행사 같은 마케팅을 많이 선보였다. 예은 씨도 아마 이때 가입했을 것이다. 하지만 여전히 낮은 이자율이 썩 내키지 않아서 소액으로 가입했으리라.

이런 경우 1년 후 타는 것은 목돈이 아닌 푼돈이다. 목돈은 보통 재투자하는 데 쓰지만 푼돈은 대개 생각지도 않았던 소비의 제물이 되곤 한다.

회초리 토크

> 3개월 치 월급보다 많은 금액이라야 목돈이라 할 수 있다.
> 목돈은 재투자하는 데 쓰지만 푼돈은 항상 소비의 제물이 된다.

10·20·30만 원짜리 적금은 '타는 돈'이 아닌 '내는 돈'을 기억하는 저축이다. 얼마를 내는지보다 얼마를 타는지 잘 기억해둬야 한다. 10만 원 단위로 딱 떨어지니 기억하기도 쉽다.

사실 금액이 딱 떨어지는 큰 목돈을 만들려면 내는 돈의 액수가 커야 하는데, 예은 씨의 경우 그러기엔 왠지 용기가 나지 않았을지도 모른다. 사정이 그렇다 보니 한 번에 의미 있는 큰 목돈을 만드는 적금을 넣는 대신 이처럼 자잘한 저축을 많이 하기로 선택한 것이다. 이렇게 잘게 나눠진 작은 저축의 문제점을 살펴보자.

① 금액이 적은 까닭에 오히려 돈이 부서질 우려가 있다

적금은 이자가 많지는 않지만 직장인처럼 매월 일정한 소득이 발생하는 경우 1년 열두 달 분산되는 현금 흐름을 한곳에 모이게 해서 목돈을 만드는 작업이다. 그런데 적은 금액으로 적금을 여러 건 가입하면 딱 쓰기 좋은 돈이 된다. 돈이 모이는 게 아니라 부서지는 것이다. 예은 씨의 적금은 1년 후 만기 금액으로 120만 원, 241만 원, 362만 원 정도다. 노트북이나 가방 구입 또는 여행을 떠나기 딱 좋은 액수다.

② 만기가 분산되어 또 다른 고민을 만든다

성격이 예민한 예은 씨는 만기가 될 때마다 그 돈을 어떻게 할지 결정해야 하는데, 선택이 쉽지 않다. 예은 씨의 경우는 1년에 만기가 다섯 번이나 찾아온다. 과연 그때마다 좋은 선택을 할 수 있을까? 다섯 번의 만기 금액 중 단 한 번이라도 전혀 생각지 않은 소비로 이어진다면 애초에 그토록 아쉽게 생각한 이자율은 고사하고 그 돈의 수백 배나 되는 큰 금액을 쌓기 위한 공든 탑을 무너뜨리는 셈이다.

사람들은 흔히 본인을 가장 믿는다고 한다. 하지만 사실 돈 모으기에서는 자기 자신이야말로 가장 믿을 수 없는 사람이다. 처음에 마음먹은 결과를 얻기 위해서는 자기 자신을 가장 잘 감시해야 한다는 얘기다. 누구나 본인은 그렇지 않다고 주장하겠지만 이 세상에서 돈 모으기를 방해하는 유일한 사람은 바로 자기 자신이다. 따라서 돈을 잘 모으려면 내 돈이지만 내가 마음대로 쓸 수 없도록 시스템을 만들어야 한다.

회초리 토크

나의 돈 모으기를 방해하는 유일한 사람은 바로 나 자신이다.

이제부터라도 1,000만 원, 1,500만 원, 2,000만 원짜리 적금을 해보자. 친한 친구가 얼마짜리 적금을 하냐고 물어본다면 매달 10만 원, 20만 원 적금한다는 대답 대신 "1,000만 원짜리 적금하지!"라고 답하면 어떨까?

내는 돈보다 타는 돈을 기억하면 자신에게 훨씬 큰 동기부여를 할 수 있다. 목표란 과정에서 오는 고통을 이겨낼 수 있는 유일한 원동력이다. 산을 오르는 사람들이 힘든 산행을 쉼 없이 이어갈 수 있는 이유는 단 하나, 산 정상에 선 자신의 모습을 상상하기 때문이다. 턱 끝까지 차오르는 숨을 참고 정상에 다다르면 성취감을 느끼며 피로감이 한순간 날아가는 기분을 만끽할 수 있다.

금리 2.5%일 때 목돈 목표에 따른 월 저축액

저축 기간	1,000만 원	1,500만 원	2,000만 원
1년	월 823,930원	월 1,235,895원	월 1,647,860원
2년	월 407,645원	월 611,468원	월 815,290원

1년 후 2,000만 원을 손에 쥐기 위해 월 164만 7,860원을 저축하는 사람은 머릿속으로 1년에 2,000만 원이란 큰 목돈을 생각한다. 월 불입액 164만 7,860원이란 구체적인 숫자는 굳이 기억하지 않아도 된다.

머니 트레이너의 한마디

저축에도 품격이 있다. 200만~300만 원의 또 다른 푼돈을 만드는 저축 말고 1,000만~2,000만 원을 손에 쥐는 선 굵은 묵직한 저축을 해보자.

사회 초년생? 재테크 초보?
아묻따 60% 저축하기

백화점 지하 주차장에서 내리면 엘리베이터를 탈지 아니면 에스컬레이터를 탈지 망설일 때가 있다. 당연히 단시간에 빨리 올라가려면 엘리베이터를 타야 한다. 반면 층을 거쳐서 천천히 올라가려면 에스컬레이터가 더 적합하다.

저축률을 올리는 방안을 고민하는 것도 이와 비슷하다. 무언가의 수준을 엘리베이터처럼 한꺼번에 끌어올리는 방식과 에스컬레이터처럼 단계적으로 끌어올리는 방식에는 차이가 있다. 내가 만나본 많은 직장인이 어떤 방식으로 저축을 늘리면 좋을지 궁금해했다.

예를 들어 최소한 월급의 50%는 저축하기로 마음먹었다면 단박에 50%를 저축할 것인지 아니면 처음에는 무리가 되니

30% 정도로 시작하다가 단계적으로 늘려 50%까지 끌어올릴지 고민하는 것이다. 여러분은 어떤 방법이 좋아 보이는가? 실제로 저축을 해보면 금방 알 수 있다. 저축을 점진적으로 늘려간다는 게 쉽지 않다는 사실을 말이다. 앞서 언급했듯 빨리 높이 올라가려면 엘리베이터를 타야 한다.

박은비(미혼·28세·공기업) 씨는 1년 전 공공 기관에 취업했다. 이미 직장 생활을 하고 있던 동생과 서울에서 함께 거주하는데, 두 딸의 서울살이를 위해 전세금을 지원해주신 부모님 덕분에 월세나 전세 대출이자 없이 지낼 수 있다. 그렇다면 이제부터 열심히 돈만 모으면 된다.

그런데 은비 씨는 첫 월급을 받자마자 고민이 생겼다. 과연 얼마나 저축을 해야 하는 것일까? 먼저 취업한 동생은 월급의 50% 넘게 저축해 벌써 꽤 많은 목돈을 만든 눈치다. 그녀는 동생보다 월급이 적기 때문에 내심 더 공격적인 목표를 세웠다. 월급의 60%를 저축해 서른이 되기 전에 3,000만 원을 손에 쥐어보겠다는 것이었다. 단순하지만 꽤 현실적이고 의미 있는 첫 목표였다.

1년이 지난 지금 은비 씨는 목표를 향해 제대로 가고 있을까? 결론을 말하자면 그렇지 못하다. 목표를 달성하려면 지금쯤 그 절반인 1,500만 원 정도는 모았어야 하는데, 어찌 된 일인지 그 수준에 한참 못 미쳤다. 2년 후 3,000만 원을 만들겠다는 목표는 월급 250만 원의 절반인 123만 원을 단순하게 모으는 것으로 달성할 수 있다.

하지만 아쉽게도 그녀는 처음부터 그 돈을 저축하지 못했다. 그동안 취업 준비만 하느라 금융 지식에 어두웠던 터라 어떤 저축을 해야 할지 망설였다는 핑계를 군이 대볼 수도 있다. 그렇다고 잘 모르는 주식 투자를 할 수도 없는 노릇이어서 시간만 흘려보낸 것이다. 어쨌든 은비 씨는 조금씩 금융 경험을 쌓으면서 저축 금액을 끌어올릴 계획이었다.

그러던 중 은비 씨 생각에 딱 맞는 저축을 발견했는데, 바로 증액형 적금이다. '26주 적금'이라고도 부르는 이 저축은 26주를 다 채우면 보너스 금리까지 제공한다. 무엇보다 이 저축의 가장 큰 장점은 부담스러운 금액을 내지 않으면서도 돈을 모으고 있지 않다는 불안감에서 벗어날 수 있다는 것이다. 저축액이 서서히 증가하는 만큼 당장은 여유가 있다는 것도 장점이다.

월 소득 250만 원 박은비 씨의 저축 내역

적립식 펀드	20만 원
청약저축	10만 원
26주 적금(이번 달 납입 금액)	74만 원
총저축액 104만 원	

이번 달을 기준으로 보면 매달 104만 원을 저축하는 것 같지만, 사실은 최근에 들어서야 금액이 커진 것이다. 그녀는 매주 1만 원씩 늘어나는 26주(6개월) 저축을 시작해 6개월 후 만기 금액을 탔다. 만기가 가까워지면서 납입 금액이 부담스러웠지만 초반에는 매우 수월하게 저축할 수 있었다.

그래서인지 만기 후 정기적금이 아닌 두 번째 26주 적금을 납입하기 시작했다. 현재 매월 80만~90만 원을 저축하고 있다지만 달마다 그 금액을 저축하는 것은 아닐 터다. 그렇다면 이 적금으로 얼마만큼 저축을 할 수 있을까?

박은비 씨의 26주 적금 저축액

1주	10,000원	5주	50,000원
2주	20,000원	6주	60,000원
3주	30,000원	7주	70,000원
4주	40,000원	8주	80,000원
첫 달	**100,000원**	**둘째 달**	**260,000원**
9주	90,000원	13주	130,000원
10주	100,000원	14주	140,000원
11주	110,000원	15주	150,000원
12주	120,000원	16주	160,000원
셋째 달	**420,000원**	**넷째 달**	**580,000원**

17주	170,000원	21주	210,000원
18주	180,000원	22주	220,000원
19주	190,000원	23주	230,000원
20주	200,000원	24주	240,000원
다섯째 달	**740,000원**	**여섯째 달**	**900,000원**
25주	250,000원	**26주(만기)**	**만기금 수령**

6개월간 원금이 300만 원가량 들어간 셈이다. 결국 월 50만 원에 불과하다. 만기금액은 원금과 수익률, 그리고 기간이란 3가지 요인에 따라 결정된다. 기간과 수익률을 늘릴 수 없다면 원금 자체가 커야 하는데 원금도 크지 않으니 목돈을 만드는 데 한계가 있다.

사회 초년생은 무엇보다 저축이 돈을 불리는 일이 아니라 돈을 모으는 일이란 사실을 꼭 알아야 한다. 따라서 처음부터 급진적으로 저축을 실행해볼 것을 강력히 권한다. 지금 여러분이 아래 조건에 해당한다면 반드시 월급의 60%는 저축해야 한다.

월급의 60%를 저축해야 하는 조건

① 미혼
② 자본 1억 원 이하
③ 월급 250만 원 이상

목돈 모으기는 허리띠를 졸라매야 하는 일이므로 등산을 하는 것처럼 처음에는 무척 힘들다. 그렇지만 등산을 하면서 숨이 턱 끝까지 차오르는 고통을 느껴본 적이 있다면 정상에서 느끼는 성취감 또한 잘 알 것이다. 지금 편안하다면 등산이 아니라 산책을 하는 것이다. 힘든 게 당연하다.

만일 부모님과 거주해 고정비를 절약할 수 있고 월 소득이 250만 원 이상이라면 최소한 월급의 60%는 저축해야 한다. 물론 앞에서 언급한 대로 정기적금이 주가 되고 주식이나 펀드는 거드는 편이 좋다. 스프린트란 단시간 전력 질주를 통해 조기에 목표를 달성하는 방식을 말하는데, 저축에서는 처음부터 스프린트를 해보는 것이 좋다.

최예은(미혼·30세·S엔지니어링) 씨는 서울에서 부모님과 거주하며 2년 후쯤 결혼을 계획 중인 3년 차 직장인이다. 그녀는 특이하게도 굉장히 많은 종류의 저축을 하고 있었다. 아니, 좀 더 정확히 말하면 수많은 여행 적금에 가입했다.

최예은 씨의 여행 적금 월 납입액

카카오뱅크 여행 적금	10만 원
K뱅크 여행 적금	10만 원
S은행 여행 적금	20만 원
H은행 가족 여행 적금	10만 원

H은행 동창 여행 적금	15만 원
H은행 신혼 여행 적금	30만 원
총납입액 95만 원	

젊은이들 중에는 여행 적금에 가입한 사람이 의외로 많다. 잘 알지도 못하는 주식 투자나 코인에까지 과감하게 투자하면서 왜 여행을 위해서는 적금에 가입하는 것일까? 이유는 간단하다. 여행을 얼마 후 확실하게 일어날 일이라고 생각해서 변동성 없이 돈을 모으고 싶기 때문일 것이다. 하지만 이것을 저축이라고 생각해선 안 된다. 저축과 소비를 구분하려면 미래 소비를 위한 것인지 아니면 미래 자산을 위할 것인지 살펴보면 된다.

저축과 소비

| 저축 | 미래 자산으로 가는 것 |
| 소비 | 미래 소비로 가는 것 |

이 기준에 따르면 여행 적금은 지금 모았어도 나중에 반드시 쓰게 되는 소비 비용인 셈이다. 저축이란 반드시 미래에 자산이 되는 것, 자본소득의 종잣돈이 되는 것만을 말한다. 저축 납입액을 점진적으로 늘리는 대신 단박에 끌어올리되 미래에 결혼·전세·주택 자금을 만드는 자산이 될 수 있도록 해야 한다.

머니 트레이너의 한마디

세상에는 무리해서 하면 탈 나는 것이 많다. 하지만 저축만큼은 무리해서 탈 날 일이 절대로 없다. 마음먹은 즉시 과감하게 저축에 강력한 드라이브를 걸어보자. 놀라운 일이 일어날 것이다.

저축, 쓰게 모으고
달게 보상하라

성공은 모든 사람의 로망이다. 앞서 유흥과 오락이 주는 즐거움은 뇌에서 도파민을 분비시켜 순간적인 행복을 가져다주지만 오래 지속되지 않으며, 미래의 가능성과 희망이 증가할 때에 더 근본적인 행복감을 느낄 수 있다고 언급했다. 이때 뇌에서 분비하는 호르몬이 세로토닌이다. 공부, 운동, 저축을 지속할 때 느껴지는 만족감과 성취감이 바로 세로토닌이 분비되면서 나타나는 행복감이다. 그러나 이런 일들은 당장은 즐거움보다 고통을 주기 때문에 지속하기가 쉽지 않다.

성공한 사람들에게 그 비결을 물어보면 '상황을 즐기는 것'이라고 말하는 경우가 있다. 하지만 방송인 서장훈 씨가 한 방송에서 말했듯 즐겨서 이루어지는 것은 없다. 운동을 잘하려면 지옥 같은 훈련을 이 악물고 견뎌내야 하고, 명문 대학에 진학하려면 하기 싫어도, 힘들어도 악착같이 의자에 앉아 있는 고통을 견뎌야 한다. 다른 방법이 없다. 즉 세상 모든 성공에는 고통이 필요하다. 거기서 만약 고통이 빠지면 그것은 성공이 아니다.

주말이 즐거운 이유는 징글징글한 평일, 즉 출근하는 날이 있기 때문이다. 월요일 아침은 생각만 해도 싫지만 그 싫은 시간을 보내야 주말의 자유가 주어진다. 아이러니하게도 기쁨은 고통의 크기에 비례한다.

성공한 이들은 남이 하기 싫어하는 일을 지속적으로 해낸 결과로 그 성취를 이루어낸 사람들이다. 이렇게 힘든 일을 꾸준히 해낸 사람들은 대체로 목표를 달성하고 나면 자기 자신에게 휴식을 준다거나 다른 방식의 보상을 선물하는 것으로 동기부여를 하는 경우가 많다.

박세영(미혼·37세·S방송사) 씨는 얼마 전 직장 생활 10년 만에 대출을 받아 내 집 마련에 성공했다. 부모님이 도와주기는 했지만 그래도 10년 만에 서울에 작은 집을 마련한 것은 정말 대단한 일이다. 그녀 또한 주식보다는 적금으로 돈을 모았다.

그런데 그녀의 저축에는 남다른 특징이 있었다. 적금 만기 시 자신에게 꼭 보상을 했다. 지난 1년간 두 번 적금을 탔는데 모두 만기 금액 중 일부로 자신에게 선물을 줬다.

박세영 씨의 적금 사용 계획

1,550만 원 적금 (월 128만 원, 1년 납입, 연 2.5%)	• 만기 시 1,500만 원은 재투자 • 50만 원은 신형 휴대폰 교체에 　사용할 예정
1,020만 원 적금 (월 84만 원, 1년 납입, 연 2.5%)	• 만기 시 1,000만 원은 재투자 • 20만 원은 한우 코스 요리를 먹는 　데 지출할 예정

　세영 씨는 1년 후 1,550만 원을 타면 기존에 쓰던 휴대폰을 팔고 새로운 신형 휴대폰으로 바꿀 계획을 세웠다. 또 1년 동안 1,020만 원을 모으는 적금에 가입하고 만기 시 고생한 자신에게 한우 오마카세를 선물하기로 했다. 그녀는 1년간 적금 납입액이 이체될 때마다 한우 오마카세라는 리워드를 생각하면서 즐겁게 지낼 수 있다고 말했다. 만기 금액에 적절한 보상을 추가해 스스로 동기부여를 하는 것이다.

　돈을 모으는 재미란 미래에 무언가 희망을 쌓는 일이기도 하다. 1년간 수고한 자신에게 특별한 보상을 선사함으로써 저축에 재미를 더할 수 있다.

회초리 토크

> 저축 원금으로 목돈을 만들고 이자는 보상에 사용하라.
> 보상은 적금을 내느라 고생한 자신에게 주는 선물!

특히 금리 인상기에는 작은 차이도 소홀히 할 수 없기에 모바일 앱을 활용할 것을 권장한다. 예·적금 금리는 물론이고 대출 금리도 비교 가능하다.

모바일 앱 금리 비교 예시

마이뱅크 금리 비교

전국 약 5,000여 개 금융기관의
금리를 한 번에 비교해보세요

예금금리 비교 〉

대출금리 비교 〉

마이뱅크 예금금리 비교

☆ 은행	금리▲	이자	이익
🏦 기업은행 상품	2.49%	2,490	1,400
🏦 기업은행 상품	2.45%	2,450	1,360
🏦 전북은행 상품	2.30%	2,299	1,209
💲 한국스탠다드	2.30%	2,299	1,209
🏦 기업은행 상품	2.20%	2,200	1,110
🏦 대구은행 상품	2.16%	2,160	1,069
✳ KB국민은행 상	2.15%	2,150	1,059

머니 트레이너의 한마디

이 세상 약속 중 가장 깨지기 쉬운 것이 바로 자기 자신과의 약속이란 점을 명심하라. 따라서 그 약속을 배우자나 친구 또는 부모님과 공유하는 것도 좋은 방법이다. 약속을 지킨 자신에게는 상을 주고, 약속을 어긴 자신에게는 냉정해져라.

절대 실패하지 않는
예산 짜기

성공보다 더 중요한 것이 바로 실패하지 않기다. 지금 같은 불확실한 시대에 주식, 코인 등에 투자했다가 실패한다면 재기하기 어렵다. 우선은 성공하기에 앞서 돈 모으기를 통해 어떠한 경우에도 실패하지 않는 재테크의 첫 단추를 제대로 끼워야 한다. 물론 재테크에서 오로지 돈 모으기만을 실천한다고 성공이 보장되는 것은 아니다. 하지만 젊은 시절 돈 모으기에 집중한 사람은 실패하지 않는다.

과거 사회적으로 매우 큰 파장을 불러온 베스트셀러《아침형 인간》은 아침에 일찍 일어나면 성공한다는 사회적 신드롬을 만들었지만, 사실 아침에 일찍 일어난다고 해서 모두가 성공한다는 얘기는 결코 아니다. 다만 성공한 사람들은 거의 대부분 아침에 일찍 일어난다는 소리다. 돈 모으기가 재테크 성공을 보장하는 것은 아니지만 월급쟁이로 부자가 된 이는 거의 100% 돈 모으는 데 성공한 사람이라는 점을 명심하자.

단기 저축 목표부터 세우자

앞서 5년이든 6년이든 자본소득으로 향하는 첫 번째 허들은 1억 원이라고 말한 바 있다. 그렇게 오래도록 고생해서 1억 원을 모은 사람이 그 돈으로 세계 여행을 떠날 리는 없다. 그러니 내 집 마련이든 사업 자금이든 확실히 생산적인 곳에 1억 원을 투자할 것이다.

이런 거창한 미래 계획도 물론 중요하지만 사실 저축에서는 단기 목표가 더 중요하다. 예를 들어 1년 안에 2,000만 원 모으기나 1,500만 원 모으기 같은 목표를 세워야 한다는 뜻이다.

마라토너들이 42.195km를 레이스하는 방송을 보면 해설자가 20km 부근까지 힘을 비축했다가 30km 시점부터 스퍼트를 올려서 승부를 거는 전략이라며 특정 선수의 계획을 소개하곤 한다. 하지만 실제로 세계적인 마라토너들의 인터뷰를 보면 그런 계획은 없다고 말하는 경우가 의외로 많다. 그저 자기 앞에 주어진 1km 또는 500m, 아니 바로 앞 100m를 열심히 달리는 계획 말고는 없다는 것이다. 다시 말해 마라토너는 42.195km를 뛰는 게 아니라 100m 달리기를 420번 해내는 것이다. 나는 내 앞의 100m를 어떤 속도로 뛰어야 할까?

우선 1년 동안 얼마를 정기적금으로 모을지 정해보자. 목표 금액에 맞춰 정기적금의 월 불입액을 결정하라(123쪽 표 〈~목표에 따른 월 저축액〉 참조).

또한 투자가 정기적금의 50%를 넘어선 안 된다. 그렇다면 얼마를 투자할지 정해보자. 사실 단기 목돈을 만드는 시기라면 투자가 0이어도 상관없다. 펀드를 하거나 직접 주식을 매수하는 경우 매월 본인이 정한 금액을 주식 계좌로 자동이체해 투자금을 모은다. 다만 앞서 언급했듯 투자금이 정기적금 금액의 50%를 넘어서는 안 된다.

이 원칙은 전체 저축액의 60~70%를 정기적금 같은 금리형 저축에 넣어야 한다는 의미다. 만일 50만 원을 매월 주식에 투자하고 싶다면 최소한 100만 원 정도는 원금과 이자가 보장되는 적금에 납입해야 한다. 이는 손실액을 최소화하기 위한 기본 장치다.

월 주식 투자액에 따른 적금 계획

주식 투자액	적금 납입액	총액
30만 원	60만 원	90만 원
50만 원	100만 원	150만 원

최소한 월 예산 3가지와 연간 예산 1가지로 구성된 소비 예산을 만들어라

아무리 야심 찬 저축과 투자 계획을 세웠더라도 그것을 꾸준히 실천하려면 저축을 하고 남는 소득을 어떻게 소비할지에 대한 계획도 세워야 한다. 앞에서 언급했듯 내 돈은 사실 나의 것이 아니라 공금이다. 미래의 나와 지금의 내가 함께 쓰는 공동의 돈인 것이다. 그런데 사람들은 대체로 '내 돈은 당연히 내 돈'이라고 생각해 소비 예산을 철저하게 세우지 않는다.

실패는 대부분 여기서 비롯된다. 예산 없이 두루뭉술하게 돈을 관리하다 보면 저축하는 데 소득을 다 쓰느라 돈이 모자라서 결국 저축을 깨거나 저축을 하기 위해 마이너스를 내기 시작한다.

고정 지출은 교통비, 통신비, 공과금, 대출이자, 모임 회비 등이라서 사실 예산을 세울 필요가 없다. 매월 일정한 금액이 나가기 때문이다. 그보다는 변동 지출 예산을 되도록 세부적으로 정하는 게 좋다. 이때 변동 지출 예산은 최소한 세 가지로 만들어야 한다.

꼭 만들어야 하는 월 예산 3총사

① 외식비
② 쇼핑비·유흥비
③ 문화생활비

필자는 개인적으로 위 3가지를 좀 더 세부적으로 나눈다.

변동 지출 예산 80만 원 사용 계획

항목	금액	세부 항목	금액
외식비	25만 원	배달	15만 원 (치킨 7만 원 포함)
		기타 외식	10만 원
쇼핑비·유흥비	30만 원	올리브영	5만 원
		인터넷 쇼핑	10만 원
		기타	15만 원
문화생활비	25만 원	커피	13만 원
		도서·공연	12만 원

요즘 가계부 앱은 사람한테 말을 건다. 위와 같이 예산을 입력 해놓으면 "이달 외식 예산이 ***원 남았습니다"라고 알려준다.
이렇게 소비 예산을 세부적으로 세워놓으면 답답하지 않느냐는 질문을 많이 한다. 하지만 아이러니하게도 예산을 만들고 소비하면 경제적 자유를 느낄 수 있다. 소비하면서 생기는 염려나 죄책감이 사라진다는 뜻이다.

가계부 앱으로 소비 예산 관리하기

◀ **3월** ▶ 수입 0원
          지출 206,950원 〉

한 달 예산

1,123,050원 남음

목표 달성을 위한 하루 예산 37,435원
총 예상 지출 3,207,725원

(권장)

16%

● 총예산   1,330,000원
○ 오늘까지 권장 지출   85,806원

🔒 패션/쇼핑 0%   0원 〉

예산 300,000원 남은 예산 300,000원

🧺 생활 0%   0원 〉

예산 200,000원 남은 예산 200,000원

🍴 식비 0%   0원 〉

예산 150,000원 남은 예산 150,000원

🛒 온라인 쇼핑 21% 32,000원 〉

예산 150,000원 남은 예산 110,000원

내역   달력   예산   고정비

💇 뷰티/미용 0%   0원 〉

예산 50,000원   남은 예산 50,000원

💊 의료/건강 0%   0원 〉

예산 50,000원   남은 예산 50,000원

🏷 문화/여가 0%   0원 〉

예산 50,000원   남은 예산 50,000원

🐾 반려동물 0%   0원 〉

예산 50,000원   남은 예산 50,000원

내역   달력   예산   고정비

필자는 과거 소비하면서 죄책감을 많이 느꼈다. 스타벅스가 처음 한국에 상륙한 1999년 당시 한 잔에 2,500원 하는 커피를 마실 때마다 마음이 불편했다. '이렇게 과용해도 될까?' 하는 찜찜함을 느낀 것이다. 아마 누구나 큰 소비를 할 때마다 이런 감정이 조금은 생길 것이다.

일종의 소비염려증인데, 예산을 세우고 나서 이런 죄책감이 모두 사라졌다. 사무실에 커피 머신이 있어 스타벅스 커피를 따로 사 먹을 일이 많지는 않았다. 그래도 지인이나 방송에서 만나는 PD 혹은 작가에게 생일마다 가끔 스타벅스 기프티콘을 보내기 위해 매월 커피 예산으로 13만 원을 정해두었다. 요즘은 커피값이 하도 올라서 스타벅스 커피가 비싼 편은 아니지만 항상 예산 내에서 소비하니 마음이 편하다.

다음은 연간 예산을 세울 차례다. 이것의 이름은 앞에서도 언급한 계절 지출이다. 요컨대 특정 시즌에만 나가는 지출을 말한다. 그 내용을 살펴보자.

계절 지출

① 명절 비용
② 여행·휴가 비용
③ 이벤트 비용
④ 겨울 의복 비용

개인에 따라 자동차 보험료, 재산세 등 추가 계절 지출이 있을 수 있다.

명절 비용은 설과 추석에만 더 나가는 지출을 말한다. 부모님 선물이나 용돈, 조카 세뱃돈 등이 여기에 해당하고 긴 연휴에 움직이다 보면 교통비나 외식비가 더 들어간다. 특정 계절에만 나가는 것이 확실하니 예산을 정해놓을 필요가 있다.

여행·휴가 비용도 계획 없이 마구 쓰다보면 저축을 하기는커녕 마이너스가 나기 십상이다. 반드시 예산을 정해서 사용해야 한다.

이벤트 비용은 5월에 주로 나간다. 5월은 가정의 달로 어린이날, 어버이날, 스승의 날, 부부의 날 등 기념일이 많기 때문이다. 개인적으로 부모님 생신이나 형제자매, 그리고 가까운 친구들의 생일을 챙기는 것도 이벤트 비용에 포함한다. 이 역시 매월 나가는 비용은 아니고 특정한 시기에만 지출한다.

겨울 의복 비용은 주로 11~12월에 나가는 계절 지출이다. 우리나라에서는 1년 열두 달 중 단 3개월을 제외하면 외투를 입어야 하는데, 평소에는 월 쇼핑 예산에서 옷을 살 수 있더라도 겨울 의복은 패딩이든 부츠든 가격 단위가 만만치 않다. 보통 11~12월에 겨울 의복을 한두 벌 정도 꼭 장만해야 겨울을 날 수 있기 때문에 비용을 따로 마련해두면 좋다.

이런 계절 지출 예산은 보통 월평균 소득의 1.5배 이내로 세우는 것이 바람직하다. 그 금액의 12분의 1를 매월 자동이체로 계절 지출 통장에 보내면 된다. 만일 보너스가 나온다면 그 금액을 한 번에 계절 지출 통장으로 이체해도 좋다. 명절 비용, 여행·휴가 비용, 이벤트 비용, 겨울 의복 비용을 구체적으로 정해 놓아야 추후 혼란이 발생하지 않는다. 필자는 다음과 같이 정해 놓고, 매월 자동이체로 56만 원을 통장에 넣는다.

머니 트레이너의 계절 지출

명절 비용	100만 원
여행·휴가 비용 (상·하반기 두 번 여행 비용)	350만 원
이벤트 비용	100만 원
겨울 의복 비용	120만 원
	총액 670만 원

머니 트레이너의 한마디

소비 예산 쪼개기는 복잡한 듯 보이지만 막상 실천해보면 편리하고 과소비의 늪에 빠지는 것도 방지해준다. 여행을 떠날 때나 멋진 외식을 할 때도 죄책감 없이 경제적 자유를 느끼게 한다. 목표와 예산을 세우면 절대로 실패하지 않을 것이다.

김 경 필 이
오 늘 은 짠 테 크
내 일 은 플 렉 스

혼쭐 3단계
굳히기

내 집 없이는
재테크도 없다

내 집 마련을 위한
6개의 스톤

필자는 지난 15년간 2030 직장인들을 만나 그들의 이야기를 들으며 저축, 소비, 투자에 대한 조언을 해왔다. 오랫동안 그들이 성장하는 모습을 지켜보면서 느낀 점이 있다. 지금은 평범한 직장인이지만 미래에 부자가 될 가능성이 보이는 사람들은 따로 있다는 것이다.

필자가 봤을 때 돈을 조금 더 써도 될 것 같은 사람들은 오히려 열정을 가지고 저축과 재테크에 진심으로 임하는 반면, 돈을 아끼고 모아야 할 사람은 정작 과소비에서 헤어나지 못한다. 그러니 아이러니하게도 돈 있는 사람은 점점 돈이 불어나는데 돈 없는 사람은 계속 힘들어진다.

결국 재테크에서도 가장 중요한 것은 바로 열정이다. 그 열정이라는 시작점이 있는 사람은 어떤 식으로든 해결책을 찾아내지만 그렇지 못한 사람은 답을 찾기 어렵다.

어느 세대나 그랬지만 재테크 1순위는 역시 내 집 마련이다. 하지만 집값이 높아지면서 서울과 수도권, 그리고 전국 주요 도시에 내 집을 마련하기가 매우 힘들어졌다. 뜬구름 잡는 이야기는 걷어치우고 솔직히 아주 현실적으로만 보면 이제 누구나 내 집을 마련할 수 있는 시대는 지났다. 따라서 2030세대가 내 집을 마련하려면 다음의 스톤 6개가 필요하다.

내 집 마련을 위해 필요한 스톤 6개

① 고소득	월급이 도시 근로자 평균의 최소 1.5배인 448만 원 이상인가
② 부모 찬스	부모님이 10년 내 5,000만 원 이상 증여 가능한가
③ 맞벌이	미래에 맞벌이가 가능한가
④ 열정	내 집 마련에 열정이 있는가
⑤ 행운	열정이 있는 사람에게 행운이 따라온다
⑥ 저축률	소득의 많은 비율을 저축하는가

6개의 스톤 중 우선 주어진 조건 3가지, 즉 고소득, 부모 찬스, 맞벌이에 대해 살펴보자.

첫 번째 스톤인 '고소득'은 도시 근로자 1인 가구 평균소득의 1.5배 이상 소득을 말한다. 물론 개인에 따라 다르겠지만 한계소비성향(추가로 벌어들인 소득 중 소비되는 금액의 비율)은 소득이 높을수록 낮아진다. 다시 말해 소득 높은 사람의 잉여소득이 더 많이 쌓인다는 뜻이다.

두 번째 스톤인 '부모 찬스'는 부모님이 결혼할 때나 집을 살 때 금전적 지원을 해줄 수 있는지 여부다. 이 부분에서 의외로 많은 차이가 만들어지기도 한다. 필자도 2005년 집을 살 때 부모님에게 4,000만 원 정도 지원받았다. 집을 구입하는 데 결정적인 도움을 준 금액이었다.

세 번째 스톤은 '맞벌이'다. 맞벌이 부부는 소득이 많다는 측면에서도 유리하지만 내 집 마련에 대한 그들의 의지와 열정 역시 1인 가구와는 비교할 수 없을 정도로 높다.

이 3가지 조건은 아무래도 불가항력적 요소일 수 있다. 만일 이 중 해당하는 것이 하나도 없다면 사실 정말 불리한 조건이긴 하다. 이 스톤들은 어쩌면 현실적으로 넘지 못할 벽일 수도 있기 때문이다.

그렇다면 다음은 어떤가? 이번엔 조건이 아니라 당신의 의지와 연관된 스톤인 열정, 행운, 저축률이다.

네 번째 스톤은 '열정'이다. 정말 내 집을 마련해야겠다는 강한 열정이 있는가? 물론 이를 측정하기는 쉽지 않지만, 내가 내 집을 마련하기 위해 어떤 노력을 기울이고 있는지 체크해보면 된다. 목표는 세웠는가? 또는 시드 머니를 모으기 위해 많은 저축을 하고 있는가?

몇 가지만 확인해봐도 금방 알 수 있다. 청약통장 하나 달랑 가입하고 내 집을 마련할 의지가 있다고 말하면 안 된다. 꿈과 목표는 다른 것이고, 마찬가지로 집이 있었으면 좋겠다고 생각하는 것과 지금 내 집을 마련하기 위해 열정을 가지고 돈을 모으는 것도 완전히 다른 문제다.

열정이란 어떤 장애물이 있어도 그것을 뛰어넘을 각오가 되어 있는 상태를 말한다. 자수성가한 사람들의 스토리에는 공통점이 있는데, 열정이 바로 그것이다. 단어의 뜻 이야기가 나온 김에 하나만 더 덧붙이자면 열정의 '熱'은 'burn'을 의미한다. 열정이란 어떤 장애물이 나타나도 다 태워버리겠다는 강한 의지를 함축한 단어다. 여러분에게는 그런 열정이 있는가?

만일 열정이 있다면 그다음 다섯 번째 스톤인 '행운'은 그냥 따라온다. 열정이 있는 사람에게 행운은 자동으로 붙기 때문이다. 자수성가한 사람들의 스토리에는 믿기 어려울 정도의 행운이 패키지처럼 들어 있는 경우가 많다.

"하늘은 스스로 돕는 자를 돕는다"는 오래된 격언이 결코 거짓은 아니다. 사람들은 행운이 어느 날 갑자기 하늘에서 뚝 떨어진다고 알고 있지만 사실은 그렇지 않다.

주어진 3가지 조건이 없다고 아예 내 집 마련을 포기하고 전혀 의지를 다지지 않는 경우도 있다. 그러나 열정을 가지고 어려운 조건을 극복해내는 사람도 분명히 많다. 조건을 갖추지 못했다고 열정과 의지마저 내팽개친다면 정말 답이 없다.

회초리 토크

청약통장에 매월 10만 원만 납입하면서
내 집 마련이 목표라고 말하지 마라.
조건이 좋지 않은 것이 문제가 아니라 열정이 없는 것이 문제다.

이번 장에서는 내 집을 마련하기 위해 바로 그 열정을 가지고 어떻게 준비하고 실천해나갈지 다뤄보자.

머니 트레이너의 한마디

잘 생각해보면 6개의 스톤 중 부모 찬스를 제외한 5개 모두 열정과 의지의 산물일 수 있다.

"아파트값이 곧 떨어진다는데요"
과연 그럴까?

경부고속도로를 타고 톨게이트를 지나 서울로 올라오다 보면 도로 옆에 큰 교회 건물이 있고, 그 건물엔 아주 큰 플래카드가 걸려 있다.

"해석돼야 해결됩니다."

문제를 해결하기 전에 그 문제를 이해하는 능력이 중요하다는 뜻이다. 우리가 2022년 현재의 아파트 가격을 이해하지 못한다면 어떤 행동도 하지 못할 것이다. 아파트 가격이 왜 이렇게 치솟았는지, 또 시장은 왜 이런 결과를 만들어낼 수밖에 없었는지도 모르면서 내 집 마련을 충실히 준비하기란 어려운 일이다.

실제로 많은 사람이 지금의 집값을 도저히 해석할 수 없다고 말한다. 현재의 집값은 무주택자들에게 분노와 좌절, 그리고 상대적 박탈감을 안겨주었다.

하지만 분노는 사람을 감정적으로 만든다. 분노가 앞서면 합리적인 행동을 하지 못 하는 경우가 많다. 따라서 무엇보다 먼저 시장에서 왜 이런 현상이 발생했는지 정확히 이해해야 한다. 그래야 앞으로 어떤 행동을 취해야 할지 정확히 판단할 수 있기 때문이다.

부동산 관련 유튜브를 살펴보면 유독 아파트값 폭락을 점치는 영상이 조회수가 높다. '아파트값 반토막' '아파트값 폭락 조짐' '아파트값 폭락 시작' 등 자극적인 섬네일을 보면 나도 모르게 눈길이 간다. 아무래도 사람들은 이런 영상을 보면서 분노와 좌절에 화풀이를 하는 듯싶다.

하지만 이런 영상에서 주장하는 집값 하락 논리는 설득력이 조금 부족한 것 같다. 영상에서는 지금까지 집값이 많이 올랐기 때문에 혹은 금리가 인상되기 때문에 이제 폭락할 것이라고 말한다. 집 없는 사람들에게는 이런 스피커들의 목소리가 어쩌면 시원한 느낌을 줄 수도 있다.

그런데 주목할 점은 이런 목소리가 어제오늘이 아니라 10년 전부터 지금까지 계속되고 있다는 사실이다. 실제로 방송이나 여러 채널에 등장하는 부동산 전문가 중에는 지난 10년 동안 줄기차게 집값 하락을 전망해온 사람들이 있다. 그것도 하락 수준이 아닌 폭락을 주장해왔다.

　물론 경제 전망이 한두 번 정도는 빗나갈 수 있다. 하지만 이건 이야기가 다르다. 고장 난 시계도 하루 두 번은 맞는데 10년 동안 계속 폭락을 외쳤지만 단 한 번도 맞히지 못한 전문가라면 글쎄, 그 일을 그만두어야 하지 않을까?

　당연히 주택 가격 역시 시장 상황에 따라 오를 수도 내릴 수도 있다. 하지만 부동산 폭락을 주장하는 유튜브는 대부분 이제까지 몇 가지 정보를 과장해서 해석함으로써 조회수 장사에만 열을 올렸다는 느낌을 지울 수 없다. 재테크에서 실패를 반복하는 사람들은 현상을 이해하려는 노력 없이 자신의 바람을 현실에 애써 투영하며 행동보다는 분노에만 집중하는 경향이 강하다.

　결론을 말하자면, 우리는 주택 시장을 정확히 이해해야 한다. 우선 아파트를 포함한 자산 가격이 어떤 원리로 결정되는지 알아보자. 자산이란 2가지 특징을 지닌다.

자산의 특징

① 현금 흐름이 발생하는 가치 있는 것
② 시장에서 가격이 결정되고 거래가 가능한 것

　그러므로 자산이란 우리가 알고 있듯 예금, 주식, 아파트를 포함한 것이다. 모든 자산의 가격은 다음의 3가지로 결정된다.

① 현금 흐름의 양

현금 흐름이란 투자로부터 발생하는 현금의 움직임, 즉 자산에서 발생하는 1년간의 이익을 말한다. 모든 자산에는 일정한 수익, 즉 현금 흐름이 발생하는데 이것이 자산 가격에 영향을 준다. 예를 들어 매년 배당금이 10만 원인 주식과 20만 원인 주식이 있다면 어떤 주식이 비쌀까? 당연히 배당이라는 현금 흐름의 양이 큰 주식이 비싸다.

또 월세로 100만 원이 나오는 상가와 150만 원이 나오는 상가 중 어떤 것이 비쌀까? 이 또한 월세라는 현금 흐름이 큰 상가가 비쌀 것이다. 과거 고도성장기에는 바로 이 현금 흐름의 양이 가장 중요한 자산 가격 결정 요소였다.

② 현금 흐름의 안정성

안정성이란 말에는 지속성도 포함되는데, 현금 흐름의 안정성이 높으면 그 자산은 더 비싸질 수밖에 없다. 예를 들어 월세 100만 원 나오는 아파트와 월세 100만 원 나오는 상가가 있다면 어느 쪽이 비쌀까?

당연히 아파트다. 현금 흐름의 양은 1년에 1,200만 원으로 아파트와 상가가 같지만 안정성에서 차이가 나기 때문이다. 도심에 자리 잡은 아파트라면 공실이 거의 없고 월세라는 현금 흐름의 안정성이 높지만, 상가의 경우 공실 위험이 존재하고 월세가 꾸준히 들어올지도 미지수다. 21세기 들어 경제가 저성장 추세로 접어들면서 과거와 달리 현금 흐름의 안정성이 자산 가격을 결정하는 가장 중요한 요소가 되었다.

③ 현금 흐름의 기대감

여기서 기대감이란 자산의 현금 흐름이 미래에 얼마나 성장할 것인가에 대한 기대를 말한다. 따라서 기대감은 성장 가능성이라고 할 수 있다. 기대감이 높은 자산은 현재의 수익률이 좋지 않아도 사겠다는 사람이 많다. 투자자가 당장은 투자 대상에 대해 높은 수익률을 요구하지 않는다는 뜻이다. 다시 말해 요구 수익률(투자자가 투자에 대해 요구하는 최소한의 수익률)이 낮다.

예를 들어 월세 100만 원인 강남의 아파트와 월세 100만 원인 비강남 아파트 중 어떤 것이 비쌀까? 앞에서 언급했듯 두 아파트의 현금 흐름은 1년에 1,200만 원으로 같다. 또 둘 다 아파트이기 때문에 현금 흐름의 안정성도 거의 같다. 그럼 두 아파트의 가격은 같을까? 아니다. 강남 아파트가 더 비싸다.

왜 그럴까? 바로 성장 가능성의 차이 때문이다. 기대감이 있는 자산은 당장의 수익률이 낮더라도 시장에서 비싼 가격에 거래된다. 초저성장 경제가 지속될수록, 지금은 현금 흐름에 비해 너무 비싸서 당장의 수익률은 좋지 않지만 기대를 한 몸에 받는 자산이 계속 비싸진다. 가격이 너무 올라서 비싸졌기 때문에 앞으로 하락할 것이란 논리는 이런 현상에 맞지 않는다.

위에서 설명한 자산 가격의 3가지 요소를 수식으로 표현하면 다음과 같다.

아파트 가격 결정 원리

$$P = \frac{CF}{R-g}$$

P: 아파트 가격   CF: 연간 현금 흐름
R: 연간 기대 수익률   g: 연간 성장률

이제 아파트 가격의 결정 원리에 따라 서울의 아파트 가격을 분석해보자. 서울 중위 지역 아파트(가격이 중간 순위 수준인 아파트) 가격은 어떻게 결정된 것일까?

서울시 서대문구 D아파트의 매매 가격 추이

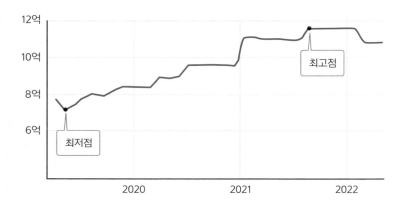

서울시 서대문구 D아파트의 전·월세 가격 추이

계약일	가격	타입	층
2022. 3.12	6억 5,000만 원	110A	3층
2022. 3.12	6억 5,000만 원	110A	3층
2022. 3.7	6억 원	110C/D	3층
2022. 2.21	7억 원	110C/D	2층
2022. 2.10	5억 2,500만 원	110C/D	10층
2022. 1. 4	7억 3,000만 원	110C/D	5층
2022. 1. 4	4억 7,250만 원	110C/D	1층
2021.11. 22	4억 2,000만 원	110A	4층
2021. 9.15	6억/30만 원	110C/D	7층
2021. 8.24	5억 5,000만 원	110C/D	2층
2021. 8.14	4억 5,000/10만 원	111B	3층
2021. 7.21	7억 원	110C/D	7층
2021. 3.22	4억 2,000만 원	110A	14층
2021. 2.27	4억 3,000만 원	110C/D	10층
2020.12.19	4억 9,000만 원	110A	15층

2022년 4월 기준 이 아파트의 실거래가 평균은 10억 7,500만 원이다. 우선 이 아파트의 현금 흐름을 알아보자. 이 아파트를 다른 사람에게 빌려주었을 때 연간 현금 흐름은 최대 얼마나 발생할까? 최근 전·월세 가격의 평균 금액은 보증금 6억 원에 월

세 30만 원이었다.

D아파트의 연간 현금 흐름

월세 30만 원 × 12개월	+ 360만 원
보증금 6억 원 × 시중은행 평균 금리 2.5%	+ 1,500만 원
평균 재산세	− 150만 원
	연간 현금 흐름 1,710만 원

이 아파트의 1년간 최대 현금 흐름은 재산세를 제외하면 1,710만 원이다. 그러니까 이 아파트는 지금 가격으로 10억 7,500만 원을 투자한 소유자에게 1년 동안 약 1,710만 원의 수익을 줄 수 있는 자산이란 얘기다. 이 아파트는 비싼 것일까, 아니면 싼 것일까?

흔히 말하는 밸류에이션valuation(가치 평가, 특정 자산 혹은 기업의 현재 가치를 평가하는 프로세스)을 위해 우선 현재 금리에 따른 예금액과 아파트값을 비교해보자. 만일 은행예금으로 1년에 1,710만 원의 이자 수익을 올리려면 얼마를 예금해야 할까? 2022년 4월 기준 시중은행의 평균 예금 금리 2.0%를 적용하면 8억 5,500만 원이다.

하지만 실제로는 이자소득세 15.4%를 차감해야 하므로 세금까지 감안해서 세후 이자율 1.89%를 적용하면 1,710만 원의 이자를 받기 위해 예금해야 하는 금액은 9억 380만 원이다.

1년 1,710만 원 이자 수익을 위해 예금해야 하는 금액(금리 2% 시)

$$\frac{1,710만 원}{평균 예금 금리 2.0\%} = 8억 5,500만 원$$

1년 1,710만 원 이자 수익을 위해 예금해야 하는 금액(세후 이자율 적용 시)

$$\frac{1,710만 원}{세후 이자율 1.89\% - g} = 9억 380만 원$$

g=0

  예금은 보통 만기까지 이자율이 변하지 않기 때문에 현금 흐름의 기대감인 성장률(g)은 제로로 보는 것이 맞다. 따라서 분모값은 0.0189, 분자값은 1,710만 원으로 9억 380만 원이 예금 가격이 된다. 반면 아파트 가격은 요구 수익률이 예금과 동일하다고 가정하면 다음과 같다.

1년 1,710만 원 수익이 발생하는 아파트 가격

$$\frac{1,710만 원}{세후 이자율 1.89\% - g} = 10억 7,500만 원$$

g=0.3%

즉 1년에 똑같은 1,710만 원의 현금 흐름을 만드는 데 예금으로는 9억 380만 원이 필요하고 아파트로는 10억 7,500만 원이 필요하다. 따라서 단순하게 계산하면 아파트가 1억 7,120만 원이나 더 비싼 셈이다.

또 자산 가격을 결정하는 두 번째 요인인 현금 흐름의 안정성 측면에서 보면 예금이 아파트보다 안정성이 더 높은데도 아파트가 더 비싸다. 그렇다면 폭락 유튜버들의 예상대로 아파트 가격은 비정상적으로 오버프라이싱overpricing되어 있는 것일까? 그렇지 않다. 일반적으로 아파트보다 은행 예금의 현금 흐름이 더 안정적으로 평가되는데도 아파트가 더 비싼 이유는 자산 가격의 세 번째 결정 요인인 현금 흐름의 기대감(성장성)이 훨씬 높기 때문이다.

지금은 예금의 수익률이 아파트의 수익률보다 좋지만 투자자들은 앞으로 분자값인 CF(현금 흐름)가 더 성장할 것이라고 믿기에 당장은 수익률이 좋지 않아도 더 비싼 가격을 주고 아파트를 산다. 즉 g(연 성장률)가 높으면 지금 당장의 요구 수익률이 낮아진다. 현재 가격이 10억 7,500만 원인 이유는 투자자들의 기대감을 반영한 성장률이 연간 0.3% 정도 될 것이라고 보기 때문이다.

당신이 아파트를 한 채 소유하고 있다고 가정해보자. 이 아파트에서 나오는 월세가 앞으로 떨어질 것이라고 생각하는가, 아니면 조금이라도 오를 것이라고 생각하는가? 만일 월세가 1년에 0.3% 이상 오르리라고 기대한다면 지금 아파트 가격은 결코 비싼 것이 아니다.

머니 트레이너의 한마디

자본주의 시장경제에서는 가격 오류(MISPRICING)가 있을 수 없다. 정상적인 시장 기능이 작동하는 한 그렇다는 얘기다. 따라서 가격이 하락하는 것은 과거의 거품 때문이 아니라 금리처럼 가격에 영향을 주는 요인이 달라졌기 때문이다.

아파트가 든든할 수밖에 없는
3가지 이유

"가격이 수요와 공급에 따라 움직이지 않는다."

아니, 이게 무슨 말인가? 공급이 늘면 가격은 하락하고 반대로 공급이 부족하면 가격은 상승하는 게 상식 아닌가? 하지만 주택 시장에서는 이런 상식이 제대로 작동하지 않는 경우가 많다. 주택 시장이 지닌 독특한 특징 때문이다.

첫 번째 특징: 주택의 가격 하방 경직성

주택에는 가격 하방 경직성(수요공급의 법칙에 따라 내려가야 할 가격이 어떠한 원인으로 인해 내려가지 않는 현상)이 있다. 만일 아파트가 단순한 투자 대상이라면 시장에서 아파트 가격에 영향을 줄 만한 악재가 등장했을 때 손해를 무릅쓰고 아파트를 팔려는 사람이 늘어나서 가격이 하락할 것이다.

하지만 아파트는 투자 대상이기 이전에 (1주택자의 경우에는) 현재 자신이 거주하는 주거 공간 그 자체다. 살고 있는 집을 시장 가격이 하락했다고 해서 쉽게 팔아 치울 수는 없는 노릇이다. 따라서 아파트는 웬만한 하락 요인이 아니라면 가격이 떨어지지 않는 하방 경직성이 매우 강하다.

만일 1,000세대 아파트 단지에서 최근 한 세대가 신고가인 10억 원에 매매되었다고 가정해보자. 그러면 그때부터 나머지 999세대는 모두 자신들의 집 가격이 최소한 10억 원이라고 생각하게 된다. 과거보다 조금이라도 높은 가격에 거래된다면 곧바로 그 가격에 닻 내리기 효과가 나타나기 때문이다. 결국 향후 집을 팔 때 매도 가격의 시작점은 최소 10억 원을 넘는다.

주식이나 외환 거래는 거래량 자체가 많고 매우 빈번하게 이루어지기 때문에 가격이 시시각각 변하지만 주택 시장은 그만큼 시장 효율성(자산 시장에서 시장 기능이 가격 결정 기구로서 정상적인 작동을 하는 정도, 즉 시장 정보가 가격에 빠르게 반영되는지 여부)이 낮은 편이다.

두 번째 특징: 사람들이 선호하는 공간과 환경의 희소성

대한민국은 인구에 비해 국토가 좁은 나라다. 국토의 16.7%가 도시고, 그곳에 전체 인구의 92.1%가 살고 있다. 특히 서울과 인천, 경기도 등 수도권에 인구의 절반인 50.4%가 살고 있다 (2021년 국토부 자료 기준). 만일 주택을 공급한다고 해도 사람들이 바라는 공간과 환경, 그리고 인프라를 그대로 만족시키기란 불가능한 일이다.

만일 사람들이 원하는 주택이 단순히 누워서 잘 수 있는 곳이라면 집을 지을수록 실제로도 공급이 늘어나겠지만, 주거란 공간과 환경의 개념이다. 현재 서울과 수도권에서 사람들이 선호하는 공간과 환경은 포화 상태이며, 따라서 새로운 주택을 공급한다고 해도 동일한 공간과 환경을 제공하지는 못한다. 공급이 전혀 영향을 미치지 않는다고 볼 수는 없지만 공간과 환경은 당분간 희소성을 지닐 수밖에 없다.

세 번째 특징: 마땅치 않은 안전자산

우리나라는 원화를 사용하는 국가다. 주택 가격 폭락론자들은 1990년대 일본의 집값 폭락과 금융 위기 때 미국의 집값이 하락한 사례를 주로 인용한다. 물론 우리나라도 IMF 위기를 맞은 1998년 전국 집값이 12.4%, 전셋값이 18% 떨어진 적이 있다. 하지만 당시 코스피 지수가 최대 42% 하락한 것에 비하면 집값은 오히려 상대적으로 방어에 성공한 셈이다.

이는 마찬가지로 앞서 언급한 하방 경직성을 보여준다. 원화의 통화가치는 IMF 위기 때 2,000원에 근접한 적이 있는데, 이는 위기 시 화폐가치가 반토막으로 떨어질 수도 있다는 것으로 그만큼 변수에 취약하다는 의미다.

수출에 70% 가까이 의존하는 우리나라 경제 특성상 원화는 대외 변수에 큰 영향을 받으므로 안정적이지 않으며 위기 때마다 상대 가치가 들썩일 수밖에 없다. 또 안보 위협도 늘 있기 때문에 인플레이션이 없어도 원화 자체는 안전자산이 아니다.

이렇게 비상시에 통화가치가 불안정해지는 원화를 기반으로 한 우리 경제에서 경제위기로 인해 주택을 파는 사람이 늘어난다면, 그들이 주택을 팔고 받은 돈은 과연 어디로 갈까?

우리나라에서 경제 위기 시 10억 원짜리 아파트를 팔았다고 가정해보자. 여러분이라면 10억 원을 어떤 자산에 넣을 것인가? 아니, 10억 원이란 부를 어디에 안전하게 보관할 수 있을 것 같은가? 일단 7억 원은 전세금으로 사용해야 한다. 주거지를 어디에든 마련해야 하기 때문이다.

그럼 경제 위기 상황에서 나머지 3억 원은 어디로 대피시킬 것인가? 원화인 현금으로 바꿔 은행에 넣어두면 안전할까? 일본과 미국의 경우 자국 화폐가 엔화와 달러화다. 경제위기 상황에서 주택을 처분하고 받은 돈을 일단 현금으로 가지고 있는다고 하더라도 이 통화는 모두가 알다시피 글로벌시장에서 안전자산이다. 다시 말해 집을 팔고 받은 돈을 임시로 안전하게 숨길 곳이 있다는 뜻인데, 이런 이유로 인해 도리어 큰 폭의 집값 하락이 이어졌다.

반면 우리나라는 경제성장률이 급격히 떨어진 2015년 이후 다른 자산에서 나온 자금이 아파트로 숨어들었다. 이런 흐름은 2017년부터 시작된 아파트값 상승으로 이어졌다. 경제성장률이 하락하면서 돈이 아파트라는 유일한 안전자산으로 몰린 결과다.

그래도 아파트를 많이 짓는다면 가격이 안정되지 않을까? 물론 그렇다. 공급이 아파트값에 전혀 영향을 미치지 않을 수는 없다. 다만 아파트 공급은 계획한다고 공장에서 뚝딱 바로 찍어낼 수는 없다는 점, 그래서 공급을 계획하더라도 최소 10년은 걸린다는 점, 그사이 주택 수요는 공급량을 뛰어넘기 일쑤라는 점 때문에 아파트 가격이 수요와 공급에 영향을 받지 않는다고 말하는 것이다.

10년이란 시간이 걸린다고 말한 이유는 3기 신도시의 공급 계획이 모두 사전 청약 제도하에 진행되기 때문이다. 사전 청약이란 택지를 100% 확보하지 못했지만 본청약에 앞서 분양 참여자를 모집하는 것이다. 과거 사례를 보면 사전 청약 후 본청약까지 5년에서 최대 8년까지 걸리는 경우가 많았다. 사전 청약 후 입주까지 10년이 훌쩍 넘는 경우도 있었다.

머니 트레이너의 한마디

아파트는 가장 안전한 주거 형태로 평가받는다. 가족 모두의 안전뿐 아니라 자동차의 안전에도 가장 유리하다. 일반적으로 생각해도 아파트 가격은 높을 수밖에 없다.

아파트 가격이 궁금하다면
통화량을 보라

그렇다면 저성장 시대의 뚜렷한 안전자산 선호 현상 때문에 비싸진 아파트값은 과연 어떤 요소에 가장 큰 영향을 받을까? 아파트 가격에 장기적으로 영향을 주는 것은 단기적 수요·공급보다는 통화량이다.

통화량이란 한 나라의 경제에서 현재 유통되는 화폐의 총량을 말하는 것으로, 보통 민간이 보유한 현금 통화와 일반 은행의 요구불예금의 합계로 정의된다. 쉽게 말해 통화량은 개인이 투자할 때 동원할 수 있는 현금의 총량이다. 우리나라의 경우 금융 위기 이후 오랫동안 저금리 통화정책을 지속하고, 늘어난 복지 수요와 코로나19로 인해 정부의 재정 지출을 늘리는 확대 재정 정책을 펼쳤기에 최근 통화량 증가 속도가 매우 가파르게 상승해왔다.

한국의 통화량(M₂) 추이

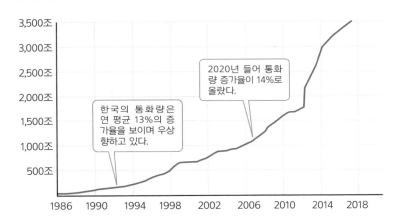

통화량은 최근 인플레이션에 대한 우려가 커지면서 더욱 주목받고 있는데, 인플레이션이란 화폐가치가 하락해서 생기는 지속적인 물가 상승 현상을 말한다. 여기서 화폐가치의 하락은 사실 통화량과 밀접한 연관이 있다.

2022년 4월 기준 통화량은 3,677조 원이다. 이 수치가 얼마나 빠른 증가세를 나타내는 것인지 알려면 우리나라가 언제 통화량 2,000조 원을 넘었는지 살펴보면 된다. 통화량이 2,000조 원을 넘은 것은 2014년으로, 통계를 집계하기 시작한 지 70년 만의 일이다. 그 이후 단 7년 만에 그 수치의 80% 정도인 1,671조 원이 늘어났다. 이는 OECD 그 어느 국가와 비교해봐도 단연 최고 수준이다.

이런 통화량 증가가 부동산 가격 상승의 주원인이 되었다. 상식적으로 생각해봐도 통화량 2,000조 원 시대의 아파트 가격과 통화량 4,000조 원 시대의 아파트 가격은 다를 수밖에 없다.

화폐경제학 분야의 최고 석학인 경제학자 밀턴 프리드먼은 자산 가격이 상승하는 데 가장 큰 영향을 미치는 요인은 통화량 증가라고 언급했다. 대한민국 아파트 시장에서 나타나고 있는 것이다.

정말 그런지 실증적인 사례를 찾아보자. 서울 강남의 은마아파트는 1979년 준공된 강남의 대표적인 재건축 단지다. 2000년대 초반부터 지금까지 은마아파트 가격의 변화와 통화량 증가율을 비교해보았다.

연도별 통화량

연도	통화량(조 원)	전년 동기 대비 증가율(%)
2002	824.2	11.5
2003	889.0	7.9
2004	929.6	4.6
2005	994.0	6.9
2006	1,076.7	8.3

2007	1,197.1	11.2
2008	1,367.7	14.3
2009	1,508.6	10.3
2010	1,639.7	8.7
2011	1,709.0	4.2
2012	1,798.6	5.2
2013	1,885.8	4.8
2014	2,009.6	6.6
2015	2,182.9	8.6
2016	2,342.6	7.3
2017	2,471.2	5.5
2018	2,626.9	6.3
2019	2,809.9	7.0
2020	3,070.8	9.3
2021	3,513	13.5
2022	3,656	(연말 집계 예정)

2004~2021년 통화량과 은마아파트 매매가 증가율

	2004년	2021년	증가율
통화량	929조 6,000억 원	3,513조 원	278%
은마아파트 매매가	7억 1,000만 원	26억 3,000만 원	271%

2004년과 2021년의 통화량과 은마아파트 가격 증가율을 비교해보면 굉장히 유사한 흐름을 보인다는 것을 알 수 있다. 아울러 우리나라의 정부 예산도 최근 엄청나게 빠른 속도로 증가해왔다. 2022년 국가 예산은 607조 원으로, 이는 추경을 제외한 수치다.

연도별 대한민국 예산 규모

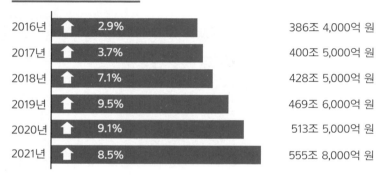

2016년	2.9%	386조 4,000억 원
2017년	3.7%	400조 5,000억 원
2018년	7.1%	428조 5,000억 원
2019년	9.5%	469조 6,000억 원
2020년	9.1%	513조 5,000억 원
2021년	8.5%	555조 8,000억 원

이런 이유로 당분간 통화량의 증가 속도가 떨어지기는 어렵다. 물론 통화량 증가가 곧 집값 상승이라는 등식이 성립하는 것은 아니지만, 그만큼 주택 가격을 끌어올릴 수 있는 요인으로 당분간 작동할 것만은 분명하다.

머니 트레이너의 한마디

경제학의 가장 오래된 이론 중 하나는 바로 화폐 수량설(화폐공급량이 물가와 정비례한다는 이론)이다. 밀턴 프리드먼의 화폐경제학도 이에 뿌리를 두고 있다. 결국 화폐의 총량이 가격에 영향을 미치게 되는 것이다.

덜 오르는 집은 있어도
안 오르는 집은 없다

최근 가장 많이 받는 질문 중 하나는 집값이 너무 비싸졌기 때문에 내 집 마련은 포기하고 대신 2022년 7월 크게 떨어진 주식이나 코인에 올인하는 게 현실적이지 않느냐는 것이다. 당연히 내 집 마련은 주식, 코인과 달리 진입 장벽이 높다. 주식은 단돈 100만 원만 있어도 할 수 있지만 부동산, 내 집 마련은 장벽 높이가 문지방처럼 쉽게 넘나들 정도는 아니기 때문이다.

하지만 평생 돈을 벌면서 그 가치를 키워나가는 재테크는 1~2년으로 끝날 문제가 결코 아니다. 재테크는 돈을 버는 30~40년간뿐 아니라 평생을 해야 하는 것이다. 결론적으로 말하자면 시간이 과거보다 오래 걸릴지라도 주식도 코인도 아닌 내 집 마련을 최종 목표로 삼아야 한다. 단언컨대 내 집 마련은 재테크에서 절대로 포기해선 안 되는 제1목표이기 때문이다.

주택이란 모든 인간의 평생에 걸쳐 반드시 필요한 필수재라는 특성이 강하기 때문에. 집값의 상승과 하락이 구매에 상대적으로 적은 영향을 준다. 만일 집을 빌려서 사용하는 게 대안이 되려면 집을 보유하는 것에 비해 이점이 있어야 한다.

하지만 우리나라는 현재 서울의 주요 단지 중 강남을 제외하면 대체로 전세가율이 집값의 65~70%에 육박한다. 이는 집을 사지 않는다고 해도 인기 있는 지역의 주거지는 집값의 70%를 지불해야 거주할 수 있다는 뜻이다.

또 현재 우리나라 주택 시장의 현실을 자세히 들여다봐야 한다. 인플레이션을 헤지hedge하는 자산으로 주택만 한 것이 없기 때문에 주택을 보유하는 것보다 보유하지 않을 때 부담해야 할 위험이 훨씬 더 크다.

돈을 주고 살 수 있는 물건은 크게 2가지로 나뉜다. 하나는 일정 기간 사용하는 물건을 일컫는 소비재consumption goods다. 식료품, 가구, 의류 같은 소비재의 가격은 그 물건의 사용가치에 따라 매겨진다. 이는 곧 사용할 수 없는 물건에는 가격이 형성되지 않는다는 뜻이기도 하다.

반면에 한번 사면 없어지지 않고 보유하는 시기 동안 계속 현금을 만들어주는 것이 있다. 바로 자산asset이다. 주식, 채권, 부동산 등이 여기에 속한다. 자산의 가격은 소비재처럼 사용가치가 아니라, 미래에 일정한 현금 흐름을 얼마만큼 가져다줄 수 있는지에 따라 결정된다(앞서 어떤 원리로 자산의 가격이 결정되는지 설명했다).

그런데 1주택자에게 주택이란 다른 자산과 달리 소비재인 동시에 자산의 성격을 지닌 '하이브리드형 자산'이다. 그 배경을 살펴보면 이렇다.

어느 대기업 주식을 샀다고 가정해보자. 이 주식의 사용가치는 얼마일까? 당연히 '0원'이다. 물론 배당을 꾸준히 해주는 주식이라면 배당금이 현금 흐름일 수 있다. 하지만 배당금은 정기예금의 이자와 다르므로 확실한 것이 아니고, 현실적으로 우리나라의 경우 배당을 꾸준히 해주는 주식이 그리 많지 않다.

따라서 주식은 당장 어디에나 쓸 수 있는 사용가치가 크지 않다. 그러나 이 주식을 계속 보유하면 해당 기업이 미래에 배당을 주거나 주식 단가가 상승하여 추가 현금을 얻을 수 있다. 아마 대부분은 이런 목적으로 주식에 투자할 것이다.

이것이 바로 보유가치다. 즉 주식이라는 자산은 사용가치는 적거나 없는 대신 보유가치만 있는 것이다. 그러나 주택은 다르다. 주택은 실제로 들어가 거주할 수 있는 사용가치가 있는 물건인 동시에, 사용 도중에도 가격이 상승해 미래에 추가 현금 흐름을 기대할 수 있는 자산이다. 여기서 사용가치란 내가 그 집을 소유하지 않았다면 지불해야 할 월세나 전세 등의 비용,

즉 기회비용이다.

그렇기에 1주택자의 경우 집을 갖는다는 것은 소비재로서의 이용가치와 자산으로서의 보유가치를 모두 확보한다는 뜻이다. 그래도 집은 너무 비싸니까 집을 사지 않고 빌려 쓰는 현실적 선택을 하는 사람이 여전히 많다. 다른 나라의 경우 대부분 모기지mortgage가 발달해서 주택을 보유하는 것보다 장기 렌트하는 것으로 인식하는 경향이 강하기도 하다.

우리나라에서도 주택 마련을 포기하고 평생 집을 빌려서 살면 되지 않을까? 그러나 우리나라에선 집을 '빌려서' 살면 손해다. 안타깝게도 유럽처럼 집을 장기간 대여하는 것이 쉽지 않다. 집을 보유하지 않더라도 집값의 70% 이상을 전세금으로 넣어두어야 하기 때문이다.

만약 집을 살 수 있을 만큼 돈이 있는데도 집을 평생 빌려 쓴다고 가정해보자. 집값에 투자하지 않은 20~30% 정도의 잉여 소득을 다른 생산적인 곳에 투자해 집값 상승분 이상의 수익을 얻어야 한다. 그래야 매번 보증금과 월세를 지불할 수 있다.

하지만 투자를 한다고 했을 때 매번 이긴다(성공한다)는 보장이 없을 뿐 아니라 가끔은 자산 손실 또한 각오해야 한다. 게다가 살면서 2년 또는 4년에 한 번씩 집을 옮기는 수고를 감당해야 하므로 집값 상승률 문제는 차치하고 안정적인 주거 환경을 확보하기 위해서라도 반드시 1주택 보유는 기본 목표로 삼아야 한다.

우리나라 최초의 주식시장인 한국증권거래소는 1983년 개장했고, 30년이 지난 2013년 주식을 포함해 부동산, 금, 채권, 원자재 등 각종 투자 자산에 대한 지난 30년간의 누적 수익률을 비교한 통계자료를 발표했다. 사람들은 이 자료에 많은 관심을 보였다. 통계자료의 결과는 예상 밖이었다.

주식 수익률이 2,790%로 1위를 기록했고, 부동산의 경우 420%로 그리 높지 않은 것으로 나타났기 때문이다. 하지만 이는 인플레이션과 주거 비용을 제대로 반영하지 않은 수치다. 수치상 수익률 1위는 주식이지만 실제로 주변에서 주식으로만 돈을 벌었다는 사람은 좀처럼 보기 힘들다.

우리나라 사람들의 재테크 1순위는 역시 집인 반면 주식을 30년간 보유하는 사람은 거의 없다. 아니 이는 실제로 불가능한 일이다(굳이 가능한 사람을 찾자면 기업의 지배 구조 때문에 주식을 팔 수 없는 대주주뿐일 것이다).

통계적으로는 부동산이 주식보다 낮은 수익률을 기록한 것처럼 보이지만, 중산층 중 돈을 번 사람들이 재테크로 성공하는 데 핵심 역할을 하는 것은 바로 부동산이다. 주식과 다르게 주택은 직접 거주하는 등 어떤 방식으로든 사용해야 하기에 오랫동안 보유할 수밖에 없고, 자연히 장기 투자가 가능하다. 자산시장 수익률 경쟁에서 결국 장기 투자를 이기는 것은 없다. 1주택은 장기 투자가 가능한 거의 유일한 자산이므로 부동산이 바로 성공 요인이 되는 것이다.

이런 통계자료는 말 그대로 통계일 뿐이다. 표준편차가 엄청나게 큰 주식시장에서 오르는 주식만 콕 집어 투자할 수 없다면, 또 그런 주식에 장기 투자한다면 더 큰 리스크에 직면할 수밖에 없다. 하지만 집은 사용가치를 누리면서도 표준편차가 무척 적다. 지난 30년간 덜 오른 집은 있어도 안 오른 집은 없는 것처럼 부동산은 변동성이 매우 적다.

머니 트레이너의 한마디

주식에 올인해서 성공하는 사람도 분명히 있다. 하지만 100명 중 단 몇 명의 성공을 책으로 가르쳐 일반화하겠다는 것 자체가 잘못된 생각이다. 늘 하는 말이지만 먼저 돈을 잃지 않는 시스템을 만든 다음 투자를 생각하라. 내 집 마련은 돈을 잃지 않기 위한 첫 번째 장치다.

주식 수익률과 아파트 수익률, 비교할 걸 비교해라

얼마 전 한 대학교수가 쓴 경제 칼럼을 보았다.

통념과 달리 주식 수익률은 부동산과 비교할 수 없을 정도로 높다. KB국민은행의 아파트 가격 지수에 따르면 1986~2021년 강남 아파트 가격 지수는 9배 상승했지만, 같은 기간 한국을 대표하는 전기·전자 업종 지수는 104배나 올랐다.

주식이 주택보다 수익률이 좋으니 주식에 투자해야 한다는 내용이다. 아파트 중 가장 많이 올랐을 것으로 예상되는 강남 아파트의 가격 지수와 주식에서 그동안 가장 크게 상승했던 전기·전자 업종의 지수를 비교하고 있다. 하지만 가장 크게 올랐을 것으로 예상되는 2개의 비교 대상을 제외하고 나머지 자산을 살펴보면 어떨까?

주택은 꼭 강남이 아니어도 대한민국 어딘가에 있는 집이라면 모두 올랐다. 하지만 주식은 어떨까? 앞서 설명한 대로 10년 전 우량주라고 추천받은 주식조차 대부분 하락했다. 그렇다면 이 비교는 그 자체로 합리적이지 않다.

또 칼럼에 인용한 통계자료부터 잘못되었다. 강남 아파트가 35년간 9배 올랐다고 하는데, 이 수치를 정말 믿을 수 있을까? 현재 강남에서 가장 비싼 아파트인 반포 아크로리버파크 34평형이 46억 6,000만 원이다. 35년 전 반포의 34평형 아파트는 평균 3,000만 원 수준이었다. 상승 폭은 칼럼에서 말하는 9배가 아닌 155배나 된다.

굳이 가장 좋은 아파트를 예로 들지 않더라도 서울의 아파트는 아무리 낮게 잡아도 평균값이 70배 정도 상승했다. 전기·전자 업종 지수라고 하면 삼성전자를 가리키는 것으로 보이는데, 실제 확인한 결과 35년간 290배가량 오른 것으로 나타났다.

만일 35년 전 1억 원을 두 비교 자산에 투자했다면 결과적으로 누가 더 높은 수익률을 올렸을까? 수치에 따르면 주식 수익률이 더 높은 것은 분명하다. 하지만 1주택자의 1주택과 주식을 비교하는 것이 과연 타당한 접근 방식일까?

10억 원 아파트의 투자 금액

GAP 3억 원	전세가 7억 원
투자 비용(투자가치)	주거 비용(사용가치)

만일 10억 원짜리 아파트를 구입한다고 가정해보자. 이 투자에서 실제 투자 금액은 얼마인가? 10억 원인가? 그렇지 않다. 앞서 설명한 대로 전세 자금 7억 원은 세입자가 어차피 지불해야 하는 사용가치인 주거 비용이다. 따라서 실제로 세입자가 집을 사기로 마음먹고 투자한 금액은 3억 원이다.

하지만 3억 원의 투자 원금이 아파트 가격의 30%라고 해서 이 집에서 발생하는 향후 시세 차익의 30%만 수익이 되는 것은 아니다. 반면 주식에서 10억 원을 투자하려면 10억 원의 100%를 투자해야만 한다. 결국 같은 투자 원금 안에서 실제 투자 금액은 큰 차이가 난다.

물론 아파트는 보유세가 발생하므로 집에서 나오는 현금 흐름의 100%가 보유자의 것은 아니다. 하지만 1세대 1주택의 경우 2022년 현재 시가 12억 원까지는 비과세이며 12억 원을 넘어도 10년 이상 보유할 경우 양도소득세의 상당 부분을 공제해주기에 주식과 1주택을 비교한다는 것 자체가 이상하다. 다시 말하지만 주식은 1가구 1주택의 수익률을 절대 이길 수 없다.

머니 트레이너의 한마디

앞으로는 주식 투자와 1주택 내 집 마련 수익률을 절대 비교하지 마라. 1주택 수익률을 이길 주식은 절대 없다.

가장 싸게 집 사는
3가지 방법

통화량의 폭발적인 증가와 초저성장 시대에 나타난 엄청난 인플레이션이 천정부지로 비싸진 아파트 가격의 원인이라는 사실을 확인했다. 하지만 웬만큼 돈 있는 사람이 아니라면 지금처럼 미친 가격에 집을 사는 일은 불가능하다고 생각할 것이다.

따라서 이럴 때 집을 사는 사람 중 대부분은 돈으로 집을 사는 대신 집으로 집을 사야만 한다. 집으로 집을 산다는 것은 보유 주택을 팔고 갈아타기를 시도하거나 '영끌'처럼 많은 대출을 받아 매우 장기적인 투자를 한다는 개념이다.

따라서 대부분의 무주택자는 단시간에 집을 사기가 불가능하다. 그런데 무주택자여도 현재의 가격에서 많이 할인받아 주택을 살 방법이 있다면 어떨까?

마치 백화점 바겐세일처럼 주택을 실제 가격보다 낮은 가격에 구입하는 방법이 3가지 정도 있다. 청약, 경매, 급매가 바로 그것이다. 그렇다면 얼마나 할인된 가격으로 살 수 있을까? (아래는 필자가 생각하는 할인율일 뿐 실제로는 여러 상황에 따라 달라질 수 있다. 2022년 7월 저가 아파트의 가격 하락으로 할인폭이 더 낮아질 수도 있다.)

주택 바겐세일 구입 방법

① 청약: 할인율 20~40%
② 경매: 할인율 10~20%
③ 급매: 할인율 5~10%

이 중에서도 이번 장에서 주로 다룰 내용은 청약이다. 목표하는 주택으로 가기 전 단계에서는 디딤돌이 될 만한 1차 주택을 마련하는 것이 중요하다. 그동안 청약은 가점이 낮은 젊은 층에게 그림의 떡이라고 여겨졌지만 2021년 11월부터 추첨제 청약이 확대되면서 가장 가능성 있는 내 집 마련 방법으로 떠오르고 있다.

여러분이 지금까지 위의 3가지 방법에 큰 관심을 갖지 않았다고 해도 그건 이미 지나간 일이다. 하지만 만일 앞으로도 계속 관심을 기울이지 않고 5년, 10년의 시간을 흘려보낸다면 내 집 마련과 계속해서 멀어질 수밖에 없다. 우선 어떤 방법에 관심을 두고 시작해야 할까?

우선순위가 낮은 것부터 살펴보자. 바로 급매다. 급매란 급한 사정이 있어서 시세보다 싼 가격에 처분하려고 내놓은 물건을 구입하는 것이다. 실수요자라면 시세보다 낮은 가격에 살 수 있는 좋은 기회다. 그러나 기존 가격에서 할인율이 보통 5~10%를 넘지 않기 때문에 거의 95% 가격에 사는 셈이고, 현장에서 좀처럼 매물을 보기도 드물다.

무엇보다 원래 가격의 90% 이상을 마련할 수 있어야만 가능하니 대부분의 무주택자에게는 현실적인 대안이 아니다. 또 급매란 보통 이민, 상속, 파산, 이혼 등 급작스러운 사유로 발생하는데 이런 일은 사전에 알 수가 없기 때문에 여러 중개업소에 어느 정도 가격대의 매물이 나오면 바로 계약하겠다고 미리 예약을 걸어놓은 상태에서 오랜 기간 지켜봐야 가능성이 있다. 결론적으로 급매는 일반적인 무주택자가 취할 수 있는 방법은 아니다.

회초리 토크

급매는 주로 이민, 상속, 파산, 이혼 등의 문제로 발생한다.

그다음 방법에는 경매가 있다. 경매란 주택 소유자가 금융 기관이나 채권자에게 빌린 돈을 갚지 못해서 법원이 해당 주택을 강제처분해 그 금액을 채권자에게 나눠주는 것을 말한다. 이때 법원이 진행하는 경매 절차에 입찰자로 참여해 주택을 시세보다 싸게 인수할 수 있다. 실제로 경매는 직장인들에게 집을 싸게 사는 방법으로 알려져 많은 사람이 법원 경매에 관심을 가지고 있다.

하지만 이 또한 만만치 않다. 일반적인 직장인이라면 법원 경매일마다 입찰자로 참여하는 게 쉽지 않다. 또 부동산, 특히 아파트의 가치 평가는 시세가 형성되어 있지만 기타 주택이나 빌라, 연립 등은 시세 평가가 어려운데다 설사 시세보다 낮은 가격에 낙찰받는다고 해도 낙찰자가 인수해야 할 채무도 있기 때문에 10~20% 이상의 할인은 현실적으로 쉽지 않다.

물론 주택 가격의 10~20%를 할인받는 게 결코 적은 혜택은 아니다. 하지만 이 역시 많은 자금이 한꺼번에 들어가야 하고, 직장 생활을 하거나 생업이 있는 경우 경매에 지속적으로 참여하기도 어렵다.

마지막으로 주택을 할인된 가격으로 살 수 있는 방법은 청약이다. 청약 중 인기가 많은 입지의 경우 흔히 "당첨만 되면 로또"라는 말이 있듯 가장 많은 할인 혜택이 주어진다. 보통 청약으로 분양하는 신규 아파트는 분양가 상한제(공동주택의 분양가를 산정할 때 일정한 표준 건축비와 택지비[감정가]에 가산비를 더해 계산하고 그 가격 이하로 분양하는 제도. 쉽게 얘기하면 천정부지로 치솟는 지역의 아파트 가격을 낮추기 위해 상한제를 적용해서 분양하는 것을 말한다)의 적용 여부와 분양 방식에 따라 다르기는 하지만 주변 시세의 60~80%로 분양하기 때문에 당첨만 된다면 2억~3억 원의 시세 차익이 발생하는 경우도 있다.

아울러 당첨이 되고 3년 후에나 입주하므로 그 전까지는 분양권으로 재산적 가치를 갖게 되는 데다 돈도 한꺼번에 납입할 필요가 없다. 따라서 무주택자가 첫 번째 내 집 마련을 하는 방법으로는 최고라고 할 수 있다.

다만 그동안 청약을 대부분 가점제 위주로 운영하다 보니 무주택자로 청약통장을 한 번도 사용하지 않은 4050에 비해 2030 무주택자는 가점에서 불리했다. 또 추첨제 청약 물량이 워낙 적고 그나마도 생애최초특별공급이나 신혼부부특별공급처럼 기혼자에 한정되어서 쉽지 않았다. 하지만 이제는 1인 가구에도 생애최초특별공급의 일정 물량을 배정하며 추첨제 청약도 대폭 확대했기 때문에 앞으로 청약은 내 집을 마련하는 데 가장 중요하고도 필수적인 방법이 되었다.

요즘은 높아진 금리와 새로운 정부가 내세운 대규모 공급 공약 때문인지 청약 열기가 몇 년 전에 비해 한풀 꺾이는 모양새다. 또 분양가 상한제를 적용받지 않는 수도권 핵심 지역 같은 곳은 청약으로 분양받아도 주변 시세보다 분양가가 높은 경우도 많아서 계약을 포기하는 사례가 속출하고 있다.

하지만 주변 시세보다 분양가가 더 싸지 않다고 무조건 시세 차익이 없는 것은 아니다. 집을 짓는 동안 시간이 흐르므로 주변 아파트보다 신축의 가치가 더 높아지는 경우도 많기 때문이다. 무엇보다 집이란 주식처럼 오늘 샀다가 내일 파는 성격의 자산이 아니다. 최소한의 경제성 평가는 해야겠지만, 청약을 통해 디딤돌을 만드는 일은 매우 중요하다.

머니 트레이너의 한마디

금리 인상이 지속되면 일부 지역에서는 실거래가 하락 현상이 나타난다. 따라서 청약에 당첨되면 입지에 상관없이 무조건 시세 차익을 얻는 것은 과거의 일이 되었다. 앞으로는 좀 더 신중한 입지 선정이 필요하다.

4억 원 아파트를 6,000만 원에, 청약의 기적

앞에서 살펴봤듯 집값이 치솟은 지금 집을 사는 사람들은 돈이 아니라 집으로 집을 산다. 장시간에 걸친 자금 조달이 가능하고 시세보다 20~30% 싸게 살 수 있는 청약이 대안으로 떠오르기는 하지만, 당장 1억 원도 없는데 청약에 당첨된다고 그 집이 정말 내 집이 될 수 있을까 생각하는 사람이 많다.

박주현(미혼·34세·경기도 행정직 공무원) 씨와 그녀의 친구는 지방에서 서울로 올라와 대학생 시절부터 오랫동안 함께 자취를 했다. 지금은 그녀 혼자 경기도에 위치한 공무원 임대 아파트에서 거주하고 있다. 학교를 졸업하고 비교적 이른 나이에 공무원 시험에 합격했으나 그동안 월세를 내며 집을 옮겨 다닌 탓에 큰돈을 모으지 못했다. 그런데 얼마 전 친구가 청약에 당첨되었다는 소식을 듣고 화들짝 놀랐다.

친구는 같은 고향 출신으로 대학생 때 지방 학생들의 주거를 해결해주는 기숙사에서 만나 친하게 지낸 동갑내기로 서울에서 직장 생활을 하고 있었다. 서로의 사정을 뻔히 아는 터라 그동안 7년 정도 직장 생활을 했다고는 하지만 분명 모아놓은 돈은 1억 원이 안 될 것을 알고 있는데 청약에 당첨되어서 계약까지 마쳤다니 의아했다. 얼마 전 경기도 외곽의 민간 분양 아파트 전용 $60\,m^2$(24평형) 추첨제 청약에 당첨된 친구는 일단 지방에 계신 부모님께 자금을 융통하고 자신이 모은 돈을 합쳐 계약금을 지불했다.

하지만 주현 씨는 언뜻 이해가 되지 않았다. 그녀도 당연히 청약에 관심을 가지고 있었지만 종잣돈을 1억 원도 모으지 못했기 때문이다. 당첨된다고 해도 4억 원이 훌쩍 넘는 아파트를 1억 원도 없이 어떻게 내 집으로 만든다는 말인가?

주현 씨의 친구가 당첨된 아파트는 작은 평형에도 분양가가 무려 4억 5,000만 원이었다. 그녀는 친구에게 물어봤다. "2~3년이면 입주할 텐데 그 돈을 어떻게 마련하려고?" 그러자 친구는 웃으며 "몰라, 어찌 되겠지 뭐"라고 대답했다.

친구는 반전세 보증금으로 3,000만 원이 묶여 있어 실제로는 6,000만 원 정도를 손에 쥐고 있었다. 계약금 1억 원은 신용대출을 고민하다가 부모님께 4,000만 원을 급히 빌려 치렀다. 그렇다면 앞으로 중도금과 잔금은 어떻게 해결하려는 것일까? 아무리 열심히 돈을 모은다고 해도 월급 350만 원 정도로 1년에 2,000만 원 이상을 모으기는 어려울 텐데 말이다.

친구는 웃음으로 얼버무렸지만 뾰족한 묘안은 없는 듯했다. 그렇다면 친구는 당첨된 이 아파트를 내 집으로 만들 수 있을까? 우선 청약에 당첨된 후 얼마 동안 돈이 얼마나 필요한지 알아보자.

분양가 5억 원 아파트(조정대상지역 기준) 자금 계획

분양가	계약금	중도금(2년 6개월)						잔금
	20%	10%	10%	10%	10%	10%	10%	20%
5억	1억	5천	5천	5천	5천	5천	5천	1억

자납
(부모 찬스)   자납   자납

대출 기준

중도금 대출(분양가 기준)	잔금 대출(시세 기준)
투기과열지역 40% 조정대상지역 50%	투기과열지역 40% 조정대상지역 50%
중도금을 대출받으면 입주 의무가 있음 (위반 시 대출 회수 및 3년간 담보대출 불가)	

계약금: 분양가의 20%

보통 계약금은 분양가의 10~20%다. 과거에는 주로 10%였는데 최근에는 1차와 2차로 나누어 합쳐서 20%를 내는 경우가 많다(청약에 따라 조건이 모두 다르다).

주현 씨 친구의 경우 분양가가 5억 원이므로 계약금은 20%인 1억 원이다. 보통 계약금은 대출되지 않아서 자납해야 하는데, 본인 자금 6,000만 원에 신용대출을 추가로 받아서 낼 수도 있었지만 일단 부모님이 빌려준 돈으로 납입했다.

중도금: 분양가의 60%

보통 중도금의 경우 분양가의 10%를 4~5개월에 한 번씩 총 6회에 걸쳐 납입하며 현재 서울 25개 구처럼 투기과열지구는 분양가의 40%를, 경기도 대부분 지역처럼 조정대상지역의 경우는 분양가의 50%를 대출받을 수 있다. 중도금 대출은 과거 무이자도 있었지만 최근에는 무이자 대출은 거의 없고 이자 후불제를 적용하는 경우는 있다. 또 중도금 대출은 대부분 DSR(총부채상환비율) 규제를 적용하지 않으므로 누구나 대출 가능하다.

친구의 아파트는 조정대상지역에 해당하므로 분양가의 50%를 중도금 대출로 받을 수 있을 것이다. 5억 원의 50%는 2억 5,000만 원이다. 이 금액으로 중도금 총 6회 중 5회를 해결할 수 있다. 그렇다면 6회 차 중도금은 스스로 마련해야 하는데

6회 차가 도래하는 시점인 25개월 후까지 5,000만 원을 만들 수 있을까? 5,000만 원을 손에 쥐려면 연 2.5% 금리 기준으로 매월 195만 5,000원을 저축해야 한다.

결코 쉽지는 않겠지만 분양을 포기할 수는 없으니 어떻게든 모아야 한다. 그런데 만일 이것이 물리적으로 불가능한 경우는 어떻게 해야 할까? 그러니까 결국 5억 원 아파트는 청약에 당첨되더라도 최소한 자납으로 1억 원을 납입하고 월 195만 원을 저축할 수 있는 사람만이 분양 가능하다는 말인가?

많은 사람이 이런 이유로 시드 머니가 충분하지 않으면 아예 청약을 포기한다. 그렇다면 청약은 최소한 이런 조건을 충족하지 못할 경우 시도도 하지 말아야 하는 것일까?

사실 꼭 그렇지는 않다. 중도금 대출은 앞서 말한 것처럼 DSR 규제의 적용을 받지 않기 때문에 신용대출로 계약금을 내고 부모님에게 자금을 빌려서 마지막 중도금을 치러도 되기 때문이다.

또 어쩔 수 없는 경우 중도금을 1회 연체하는 방법도 있다. 보통 청약 공고문에 따르면 중도금은 2회까지 연체해도 계약을 유지하는 데 문제가 없기 때문이다. 결론적으로 분양가 5억 원 아파트는 최대 계약금 1억 원만 본인 자금과 신용대출로 마련할 수 있는 수준이면 누구나 잔금을 치를 때까지 문제 없이 분양받을 수 있다.

잔금: 입주 시 분양가의 20%

보통 잔금은 20%를 납입해야 하는데, 전세를 주는 경우라면 전세 대금을 먼저 받아 중도금 대출을 상환하고 잔금을 치른 뒤 등기를 마치고 세입자가 확정일자를 받으면 입주하도록 한다. 전세를 준다면 대부분 전세가율이 60~70% 수준이므로 자금 조달에 큰 문제는 없겠지만, 만일 아파트가 분양가 상한제에 해당한다면 반드시 입주해야 할 의무가 있으므로 잔금을 치르기 쉽지 않을 수도 있다.

친구는 분양가 상한제 아파트이므로 반드시 입주해야 하는 경우에 해당하는데, 과연 잔금을 무사히 낼 수 있을까? 여기서 많은 사람이 잘 모르는 사실이 있다. 현재 조정 대상 지역의 LTV(주택담보인정비율)는 50%로 이미 받은 중도금 대출 외에 더 이상의 대출이 불가능하다고 알려져 있지만, 이는 사실과 다르다.

청약에 당첨된 직후에는 아파트를 건축하기 전이니 계약서 외에는 아무것도 없기 때문에 분양가의 50%를 대출해주지만, 입주를 앞둔 시점에서 잔금을 치를 때는 아파트가 다 지어진 상태다. 요컨대 이젠 실제로 존재하는 아파트이므로 분양가가 아닌 시세의 50%를 대출해준다는 이야기다.

앞서 언급한 대로 일반 분양 아파트의 분양가는 주변 시세의 70~80% 수준이다. 하지만 친구의 경우 분양가 상한제 때문에 주변 시세의 60% 수준으로 분양한 것이다. 즉 분양가가 4억 5,000만 원이라면 주변 시세는 이보다 훨씬 높다.

분양가가 주변 시세의 60%라고 가정해보자. 이때 주변 시세는 7억 5,000만 원이 되고, 따라서 잔금 대출은 7억 5,000만 원의 50%, 즉 최대 3억 7,500만 원까지 받을 수 있다. 이는 만일 친구가 DSR만 통과한다면 7억 5,000만 원짜리 아파트를 본인 돈 7,500만 원으로 보유할 수 있다는 말이다(취득세는 별도).

실제로 집을 짓는 기간 동안 주변 시세가 더 상승하는 경우도 있다. 이럴 경우 친구가 꾸준히 저축했다면 굳이 3억 7,500만 원까지 대출을 받지 않아도 될 것이다. 결국 1억 원이 없어도 분양가가 4억~5억 원인 아파트 청약에 당첨된다면 내 집을 마련할 수 있다.

머니 트레이너의 한마디

생애 최초 주택 구입의 경우 LTV가 최대 80%까지 확대되면서 대출 가능 금액이 크게 증가했다. 대출이 내 집 마련의 발목을 잡는 일이 줄어든 것이다. 다만 대출이 가능하다고 덮어놓고 받기보다는 이자와 원금을 감당할 수 있는지 따져봐야 한다. LTV가 확대됐더라도 고금리 시대의 적정 대출률은 50~60% 선이 적합하다.

청약의 모든 것:
나는 청약 1순위일까?

청약통장 1순위 조건을 갖추려면 어떻게 해야 할까? 청약 대상이 국민주택인지, 민영주택인지에 따라 다르다.

우선 민영주택은 사업자가 민간건설업자로, 청약통장 가입후 2년이 넘으면서 납입 예치금이 일정 금액 이상인 경우 청약 1순위가 될 수 있다.

지역별 청약 예치 기준 금액

청약 신청 전용면적	특별시 및 부산광역시	그 밖의 광역시	특별시와 광역시 제외 지역
85m² 이하	300만 원	250만 원	200만 원
102m² 이하	600만 원	400만 원	300만 원

135m² 이하	1,000만 원	700만 원	400만 원
모든 면적 가능	1,500만 원	1,000만 원	500만 원

민영주택의 청약 1순위 조건

	가입 기간	납입금
종합저축 청약예금	• 투기과열지구·청약과열지역: 가입 후 2년 경과한 분 • 위축지역: 가입 후 1개월 경과한 분	납입 인정 금액이 지역별 예치 금액 이상인 분
청약부금 (85m² 이하만 청약 가능)	• 투기과열지구·청약과열지구·위축지역 외 수도권: 가입 후 1년 경과한 분 수도권 외: 가입 후 6개월 경과한 분 (필요한 경우 시·도지사가 수도권은 24개월, 수도권 외 지역은 12개월까지 연장 가능)	매월 약정 납입일에 납입한 납입 인정금액이 지역별 예치 금액 이상인 분

국민주택은 중앙정부나 지방정부 또는 LH, SH 등 국민주택기금의 지원을 받아 건설하며 보통 85㎡ 이하 주택을 말한다. 청약 1순위 자격 조건은 민영주택과 같지만 무주택 세대 구성원도 청약 가능하다.

국민주택의 청약 1순위 조건

	가입 기간	납입금
종합저축 청약저축	• 투기과열지구·청약과열지역: 가입 후 2년 경과한 분 • 위축지역: 가입 후 1개월 경과한 분 • 투기과열지구·청약과열지역·위축지역 외 수도권: 가입 후 1년 경과한 분 수도권 외: 가입 후 6개월 경과한 분 (필요한 경우 시·도지사가 수도권은 24개월, 수도권 외 지역은 12개월까지 연장 가능)	매월 약정 납입일에 월 납입금을 연체 없이 다음의 지역별 납입 횟수 이상 납입한 분 • 투기과열지구·청약과열지역: 24회 • 위축지역: 1회 • 투기과열지구·청약과열지역·위축지역 외 수도권: 12회 수도권 외: 6회 (필요한 경우 시·도지사가 수도권은 24회, 수도권 외 지역은 12회까지 연장 가능) 단, 월 납입금을 연체하여 납입한 경우 주택 공급에 관한 규칙 제10조3항에 따라 순위 발생일이 순연됨

국민주택의 청약 1순위가 되려면 매월 납입 금액을 연체 없이 납입하는 것이 중요하다. 연체 시에는 순위에서 밀릴 수 있다. 청약저축은 월 2만 원에서 50만 원까지 자유롭게 납입할 수 있지만 1회 차 최대 인정 금액이 10만 원이므로 10만 원을 날

짜에 맞춰서 납입하면 된다. 인정 금액과 납입 횟수가 중요한
만큼 오래 납입할수록 유리하다.

머니 트레이너의 한마디

1주택자의 내 집 마련은 실거주가 목적이기 때문에 다른 투자 대상
보다 낮은 기대 수익률로 접근해야 하는 것이 맞다. 하지만 그럼에
도 인생에서 가장 큰 돈이 들어가는 만큼 주변 시세와의 연관성을 잘
따져서 신중히 신청해야 한다. 만일 청약 당첨 후 취소하면 1순위 자
격 박탈은 물론 향후 5년간 당첨을 제한받을 수도 있다.

청약의 모든 것:
가점제 vs. 추첨제

청약은 당첨자를 선정하는 기준이 2가지로 나뉜다. 우선 가점제가 있다. 가점제 청약은 3가지 조건에 점수를 매기고 높은 점수인 사람에게 우선 분양하는 방식이므로 2030세대에는 불리하다. 우선 자신의 청약 점수를 알아보자. 가장 간편한 방법은 청약홈 홈페이지에서 청약 가점 계산기로 계산해보는 것이다.

청약 가점의 3가지 조건

무주택 기간	무주택 기간은 만 30세 이후부터 계산하므로 만 30세 미만이면 0점이다. 15년 이상이면 32점 만점
부양가족 수	부양가족이 6명 이상이면 35점 만점
청약통장 가입 기간	청약통장 가입 기간이 15년 이상이면 17점 만점

가점의 경우 만점 84점 기준으로 2022년 현재 일반 분양 가점제 청약의 당첨권은 수도권의 경우 60점대 이상이다. 따라서 2030세대는 가점제보다 추첨제 청약이 확률적으로 유리하다.

추첨제 청약이란 청약 가점제와 달리 점수가 높은 순이 아니라 추첨을 통해 분양하기 때문에 상대적으로 2030세대같이 청약 가점이 낮은 사람도 당첨될 수 있다. 이는 주로 민영주택의 1순위 청약자 선발에 적용된다.

따라서 추첨제 청약은 현실적으로 자본이 적은 무주택자가 1주택으로 나아가는 유일한 사다리인 동시에 2030세대가 할 수 있는 최고의 재테크인 셈이다. 때마침 2021년 추첨제를 확대하는 청약 제도 개편이 이루어졌고, 새로운 정부에서도 추첨제를 확대하겠다는 청약 제도 공약을 내세웠다.

또 2021년 청약 제도가 개편되면서 그동안 기혼자에게만 적용하던 생애최초특별공급의 30%를 1인 가구도 청약할 수 있게 되었다. 추첨제 청약만이 유일한 길인 2030세대에게 당분간 몇 년 동안은 추첨을 통해 내 집을 마련할 기회가 지금보다 대폭 확대될 예정이므로 추첨제 청약에 올인하는 전략이 필요하다.

신혼부부특별공급 기준 변화

구분	소득 기준		선별 방식
	외벌이	맞벌이	
우선(70%)	100% 이하	120% 이하	자녀순
일반(30%)	140% 이하	160% 이하	

구분	소득 기준		선별 방식
	외벌이	맞벌이	
우선(50%)	100% 이하	120% 이하	자녀순 (기혼자만 가능)
일반(20%)	140% 이하	160% 이하	
추첨(30%)	소득 요건 미반영		추첨제

　특히 2022년 5월 출범하는 새 정부의 대통령직인수위원회에서 새 정부 출범 직후 추가적인 주택청약 제도 개편에 나설 것으로 알려졌다. 소형 주택에 대한 추첨제 물량을 늘려 가점이 낮은 청년층에게도 청약 기회를 제공하겠다는 계획이다. 시행 규칙 개정에 통상 두세 달이 소요되는 청약 시스템 개편 기간을 고려해도 이르면 2022년 3분기부터는 새 청약 제도가 적용될 것으로 보인다.

생애최초특별공급 기준 변화

구분	소득 기준	선별 방식
우선(70%)	130% 이하	추첨제
일반(30%)	160% 이하	

⬇

구분	소득 기준	선별 방식
우선(50%)	130% 이하	추첨제
일반(20%)	160% 이하	
추첨(30%)	소득 요건 미반영	추첨제 (1인 가구 ○)

　새 정부는 서울 등 투기과열지구에서 현재 100% 가점제로 청약을 진행하는 전용면적 85 m^2 이하 민영주택을 60 m^2 이하와 60~85 m^2 이하 두 구간으로 나눠 각각 가점제 40%·추첨제 60%, 가점제 70%·추첨제 30%로 공급하겠다고 공약했다. 문재인 정부가 2017년 8·2대책을 통해 전용 85 m^2 이하 민영주택에 대한 청약 가점제 비중을 확대하면서 청약 당첨권에서 멀어진 청년층과 신혼부부, 1~2인 가구를 겨냥한 정책이다. 다만 장기간 청약 당첨을 기다려온 장년층과 3~4인 이상 가구의 역차별을 막기 위해 전용 85 m^2 초과 주택에 대해선 가점제 비율을 현행 50%에서 80%까지 늘리기로 했다.

　국토부는 새 규칙의 공포와 시행까지 두세 달이면 가능할 것으로 보고 있다. 한국부동산원 청약홈 시스템을 반영하는 데 시간이 어느 정도 필요하지만 일단 정부가 정책을 발표하고 나면 시행까지는 차질 없이 빠르게 진행할 수 있다는 설명이다.

정부 정책의 변화

현행(서울 기준)		개선(안)	
85m² 이하	가점제 100% 추첨제 0%	60m² 이하	가점제 40% 추첨제 60%
		60~85m²	가점제 70% 추첨제 30%
85m² 초과	가점제 50% 추첨제 50%	85m² 초과	가점제 80% 추첨제 20%

머니 트레이너의 한마디

청약 제도의 원래 취지를 생각해보라. 오랜 기간 무주택인 사람에게 우선 공급하기 위해서는 가점제가 취지에 맞는다. 따라서 추첨제 확대는 그리 오래갈 정책은 아니라고 본다. 즉, 청약 제도의 변경 주기를 감안했을 때 2024년 하반기부터는 다시금 추첨제 청약이 줄어들 수도 있다.

서울에 내 집 마련
얼마나 걸릴까?

현재 우리나라에서 주택을 구입하는 것은 얼마나 어려운 일일까? 주택이란 앞서 언급한 대로 필수 재화의 성격이 강하기 때문에 가격이 높더라도 수요가 웬만해서는 잘 줄어들지 않는 성향이 있다. 그럼에도 미래의 수요를 파악하는 데 가격이 전혀 영향을 주지 않는다고 볼 수는 없기 때문에 주택구입부담지수를 참고한다.

주택구입부담지수Korea-housing affordability index란 가계의 주택 매입에 따른 부담 정도와 추이를 파악하기 위해 만든 지수다. 주택금융공사는 매 분기마다 지역별·주택 규모별로 주택구입부담지수를 공표하고 있다. 지수를 산출할 때 주택 구입 부담을 결정하는 주요인인 주택 가격, 소득수준, 대출금리를 고려하며, 이 지수가 높을수록 주택구입부담이 크다.

예를 들어 주택구입부담지수가 100이면 중간 소득 가구가 중간 가격 주택을 구입할 경우 소득의 25%를 주택을 구입한 후 담보대출의 원리금 상환액으로 부담한다는 뜻이다. 만일 지수가 200이라면 소득의 50%를 원리금 상환액으로 부담해야 한다는 것을 의미한다.

2021년 4분기 기준 지역별 주택구입부담지수

서울의 경우 2021년 4분기 기준 평균 주택구입부담지수는 199.2에 이른다. 이는 평균 소득의 49.8%를 담보대출 원리금으로 납입해야 주택을 구입할 수 있다는 뜻이다.

이처럼 과거에 비해 내 집을 마련하는 것, 아니 좀 더 구체적으로는 수도권에 아파트를 마련하는 것이 어려워졌다. 따라서 직장인이 평생 경제활동을 해서 서울이나 수도권에 아파트를 마련한다면 재테크에서 성공한 것이라고 해도 과언이 아니다.

과거보다 서울에 아파트를 마련하기 어려워졌지만 그런 만큼 아파트의 재산적 가치나 자산으로서 지위는 분명히 높아졌다.

그렇다면 월 소득 600만 원인 맞벌이 부부가 서울에 내 집을 마련하려면 얼마나 걸릴까? 아마 대한민국에서 내 집을 마련한 다는 것의 의미가 단순히 주거를 해결하는 개념이라면 앞의 주택구입부담지수에서 보듯 소득의 31~46%를 쏟아붓는 것은 어리석은 일일 터다. 하지만 대한민국에서 주택은 주거 외에도 인플레이션을 헤지할 수 있고 미래에도 가장 안전한 자산이 된다는 장점이 있기에 이처럼 많은 것을 감내할 가치가 있다.

김선형(31세·직장인) 씨와 박준명(33세·직장인) 씨는 2022년 가을 결혼을 계획 중인 예비 부부다. 평소 두 사람 모두 알뜰하게 돈을 모은 편이기는 하지만 결혼할 때는 양가 부모님의 도움을 받기로 했다. 이들의 상황을 살펴보자.

김선형·박준명 씨의 소득과 자산 현황

월 평균 소득	600만 원
자산	2억 원(부모님 지원 포함)

신혼집으로는 전세 2억 원 정도의 투룸을 계획 중인 그들에게 고민 하나가 생겼다. 향후 추첨제 청약을 열심히 넣을 생각인데 만일 청약에 당첨될 경우, 현재 자금 2억 원을 모두 전세

보증금으로 넣을 경우 돈이 묶여 계약금을 낼 돈이 부족해진다는 것이다.

따라서 오랜 고민 끝에 월세를 내더라도 전세가 아닌 반전세로 보증금을 낮춰서 집을 얻기로 했다. 보증금 1억 5,000만 원에 월세 15만 원으로 계약한 것이다. 현재의 전·월세 전환율 2.5%는 기존에 계약한 사람에게 적용되는 것이고, 새롭게 계약한다면 보통 월세 이자율이 전세 자금 대출보다 높기 때문에 불리하다고 생각하는 사람도 있다. 하지만 요즘은 월세도 세액공제가 가능하고 보증금의 비중이 적을 경우 향후 보증금을 반환받을 때 좀 더 용이하다는 장점이 있다.

두 사람은 보증금 1억 5,000만 원을 제외하고 남은 5,000만 원을 저축은행의 3% 고금리 예금에 묶어놓았다. 그들의 목표는 20년 내에 최종적으로 서울 중위 가격 84㎡ 아파트의 온전한 집주인이 되는 것이다. 둘에게 이 목표는 어떤 의미를 지닐까?

서울 중위 가격 84㎡ 아파트의 온전한 집주인이 된다는 것의 의미

① 주거 안정성을 확보할 수 있다.
② 노후에도 현금 흐름을 만드는 자산을 가질 수 있다.
③ 자녀를 양육하는 데 최적의 환경을 마련할 수 있다.

우선 완전한 집주인이 된다는 것은 어떤 의미일까? 보통 대출로 아파트를 산 집주인들이 농담 삼아 하는 말이 있다.

"안방과 화장실만 빼고 아직 은행 거야."

대출을 많이 받았다는 자조 섞인 말이겠지만, 실제로도 대출 비율이 일정 수준 이하로 낮아져야 온전한 집주인이라고 할 수 있다. 물론 집값이 계속 상승한다면 대출 비율이 자연히 줄어들지만 그럼에도 대출 원금을 어느 정도 갚아나가야 한다.

따라서 온전한 집주인이 되려면 다음과 같은 조건을 충족해야 한다.

온전한 아파트 주인은 어떤 사람인가?

① 9억 원 미만 아파트라면 주택 가격에 대출이 10% 이하여야 한다.
② 9억 원 이상의 아파트라면 주택 가격에 대출이 20% 이하여야 한다.

우선 두 사람이 2년 후 4억 5,000만 원 아파트에 당첨된다고 가정해보자. 매월 소득의 60%인 360만 원을 저축하는 부부가 청약으로 분양받은 아파트를 팔고 목표하는 아파트로 이사 가려면 주택을 포함한 순자산이 서울 중위 가격 아파트 매매가의 50%가 되는 시점에서 나머지 50%를 대출받아야 한다(매년 모든 주택 가격은 평균 3.5% 상승하고, 2022년 서울 중위 가격 아파트의 매매가는 10억 7,500만 원이다). 2022년 서울의 경우 25개 구 전부 투기과열지구로 지정되어 대출이 40%밖에 안 나오지만 향후 LTV가 확대될 예정임을 감안해 50%로 적용했다. 부부는 언제 이사 갈 수 있으며 언제쯤 최종 목표인 온전한 아파트 주인이 될 수 있을까?

이 부부가 서울의 중위 가격 아파트로 이사 가는 시점을 시뮬레이션해보면 약 6년 후다. 6년 후 이 부부의 순자산은 6억 8,426만 원이고 이때 서울 중위 지역 아파트의 가격은 13억 2,145만 원이다. 또 매월 360만 원을 저축한다고 가정하면 온전한 집주인이 되는 데 걸리는 시간은 이사하고 8년이 지난 후, 즉 현재로부터 14년 후다. 이때 김선형·박준명 씨의 나이는 각각 45세와 47세다.

그런데 이 부부의 소득이 600만 원을 계속 유지하는 게 아니라 앞으로 쭉 올라갈 테니 월 저축 360만 원이라는 금액 또한 더 늘어날 수 있지 않을까? 그렇다면 목표하는 주택의 온전한 집주인이 되는 시기도 더 빨라지지 않을까?

결론을 말하자면 그렇지 않다. 저축액은 더 이상 늘지 않는다. 향후 소득 상승분은 대출이자나 증가한 소비로 사라지기 때문이다. 앞선 시뮬레이션에 대출이자는 빠져 있으므로 이 부분은 소득 증가분으로 충당해야 한다. 아울러 소득이 상승하면 저축보다 소비가 더 빠르게 증가하기 때문에 저축 액수는 더 이상 늘어나지 않는다.

그렇다면 서울 중위 가격 아파트의 평균 현금 흐름은 어떨까?

서울 중위 가격 84m² 아파트의 평균 현금 흐름

월세 110만 원 × 12개월	+ 1,320만 원
보증금 2억 원 × 전월세 전환율 2.5%	- 500만 원
재산세 평균	- 170만 원
연간 현금 흐름 1,650만 원(월평균 138만 원)	

즉 이 아파트를 갖는다는 것은 앞으로 성장률이 0이어도 30년 후에도 현재 화폐가치로 매월 138만 원의 월세가 안정적으로 보장되는 자산을 보유한다는 의미다. 상가나 건물에서 나오는 138만 원의 월세와 아파트에서 나오는 월세는 안정성이 근본적으로 다르다.

머니 트레이너의 한마디

집값이 오른다고 부자가 되는 것은 아니다. 다만 당신이 평생 땀 흘려 번 돈의 가치를 가장 잘 지킬 수 있는 자산을 갖게 된다는 의미가 있다. 지금 10억 원 하는 아파트가 30년 후 30억 원이 된다고 해도 당신이 20억 원을 버는 것은 아니다. 10억 원이란 현재의 화폐가치에는 변함이 없기 때문이다.

내 집 마련은
의지의 문제다

앞서 살펴본 바와 같이 직장인들에게 내 집 마련이란 일생일대의 중요한 목표다. 내 집 마련이 단순히 주거를 해결하는 문제 이상의 의미를 갖는다는 말이다. 따라서 얼마나 확고한 신념을 가지고 꾸준히 그 목표를 추진하는지가 가장 중요하다.

물론 돈이 가장 큰 문제인 건 맞다. 하지만 이것도 의지를 가진 사람에게는 큰 장애물이 되지 않는다. 필자는 의지를 가진 사람에게는 생각지도 못한 새로운 방법이 생긴다는 사실을 여러 번 목격했다.

장애물이란 뚜렷한 목표를 가진 사람에게는 의지를 더욱 강하게 하는 통과의례에 지나지 않지만, 목표와 의지가 없다면 낮은 장애물도 매우 높은 진입 장벽으로 여겨질 것이다. 세상에 어떤 성취를 이루는 데 아무런 장애물이 나타나지 않는 경우가 있겠는가? "만일 당신 앞에 아무런 장애물이 없다면 그 길은 당신이 원하는 곳으로 인도하는 길이 아닐 것이다"라는 말도 있다.

필자는 멘토링할 때 본인의 투자 가능 금액을 확인해볼 것을 가장 먼저 주문한다.

투자 가능 금액이란?

① 자신의 돈 + 자신이 빌릴 수 있는(동원할 수 있는) 돈
② 투자 가능 금액 파악은 재테크의 기본 중 기본

본인의 투자 가능 금액을 모르고 재테크를 한다는 것은, 또 이를 모르고 내 집 마련의 첫 단추인 청약을 한다는 것은 그야말로 어불성설이다. 마치 내 탄창에 실탄이 얼마나 있는지도 모른 채 총을 들고 전쟁터에 나가는 것과 같다.

이나연(30세·H자동차 연구원) 씨는 입사 3년 차라 아직은 시드머니를 많이 모으지 못했지만, 그 누구보다 내 집 마련에 관심이 많은 직장인이다. 고향인 울산에서 올라와 오랜 기간 자취를 하며 지내다 보니 서울에 집을 꼭 사야겠다는 확고한 신념이 생겼다. 우선 지금은 직장이 있는 경기도 화성시까지 출근하기 편한 경기도 일대에 청약으로 내 집을 마련하는 것이 1차 목표다.

하지만 경기도의 인기 지역은 분양가가 5억 원을 훌쩍 넘고 분양가 상한제를 적용하는 곳이 많아서 당첨될 경우 반드시 입주해야 하니 자금 부담이 매우 클 수밖에 없다.

필자는 우선 본인이 가진 자금 외에 은행 신용대출로 융통할 수 있는 자금이 얼마인지 확인하도록 했다. 나연 씨는 지금 거주 중인 오피스텔 전세 자금을 대출로 마련한 탓에 신용대출이 더 이상 불가능할 것이라고 생각했지만, 은행에 확인한 결과 3,000만 원 정도는 추가로 대출 가능하다는 사실을 알게 되었다.

2022년부터 추첨제 청약이 확대되어 당분간은 추첨제 물량이 늘어날 것으로 보이지만 청약 제도라는 것이 언제 또 바뀔지는 모를 일이다. 그녀도 지금부터 열심히 청약에 도전해야 한다는 것 정도는 알았다. 하지만 가진 돈이라고는 전세금을 제외하면 주식에 넣어놓은 2,000만 원 남짓뿐이니 아무래도 돈을 더 충분히 모은 뒤 내년이나 내후년부터 청약에 집중해야겠다고 생각했다. 하지만 그녀가 동원할 수 있는 돈이 고작 5,000만 원에 불과할까?

인기 지역의 경우 당첨되면 1억 원에 가까운 계약금을 지불해야 하기 때문에 우선 전세 보증금을 반전세로 돌려서 목돈을 마련할 방안을 고민해보았다. 그래서 집주인에게 먼저 상황을 설명하고 이런 경우가 발생하면 보증금 일부를 월세로 즉시 전환해줄 수 있는지 물어보았다.

집주인은 보통 월세를 더 선호하기 때문에 이런 제안을 흔쾌히 수락하지만 자금이 부족한 경우에는 거절당할 때도 있다. 그녀 또한 불가능하다는 답변을 들었다.

아직 당첨된 것은 아니지만 청약에 대한 열정과 의지가 강한 나연 씨는 부모님과 상의했다. 집안 형편이 넉넉하지 않기에 앞으로 결혼을 해도 전혀 지원을 못 받을 것이라고 생각했지만, 그래도 혹시 모르니 어머니에게 상황을 설명하고 청약 당첨 시 계약금에서 부족한 금액 일부라도 목돈을 융통해줄 수 있는지 조심스레 여쭈어봤다. 그런데 의외의 대답이 돌아왔다. 필요하다면 3,000만 원 정도는 해줄 수 있다는 답을 들은 것이다.

필자도 집을 살 때 어머니에게 돈을 빌린 경험이 있다. 부모님은 넉넉하지 않은 형편이어도 자식이 사업한다고 돈을 빌려달라면 거절할지 몰라도, 그 집을 산다거나 청약에 당첨됐는데 계약금이 모자란다고 하면 돈을 빌려주는 경우가 대부분이다.

이제 현재를 기준으로 전세금에서 돈을 빼지는 못하더라도 투자 가능 금액, 즉 청약 당첨 시 계약금으로 낼 수 있는 실탄이 8,000만 원까지 늘어났다.

이나연 씨의 투자 가능 금액

본인 자금	빌릴 수 있는 금액	총액
2,000만 원	신용대출 3,000만 원 어머니 3,000만 원	8,000만 원

이 정도면 지금 당장 4억 원 아파트에 당첨되어도 계약금을 치를 수 있는 액수다. 그녀는 악착같이 절약하며 매월 300만 원씩 저축하고 있기 때문에 1년 후면 투자 가능 금액이 1억 1,600만 원으로 늘어날 것이다. 이는 서울 외곽 아파트까지도 당첨될 경우 감당 가능한 자금이다.

명심해야 할 것은 내 집 마련은 돈뿐만 아니라 일단은 의지의 문제라는 점이다. 의지만 있다면 없던 방법도 나오고, 높아 보이던 장애물도 문지방처럼 낮아지기 때문이다.

머니 트레이너의 한마디

세상 모든 일이 마찬가지겠지만, 내 집 마련의 의지를 가진 사람에게는 없던 기회도 나타나는 법이다.

지금 당장 즐겨찾기 해야 할
청약 정보 사이트

내 집 마련에 의지와 관심을 가지고 있다 해도 어떤 단지에 청약을 넣어야 한다고 숟가락으로 떠먹여주듯 정보를 주는 곳은 없다. 세상 모든 일이 마찬가지지만 일단 정보를 검색하는 단계에서는 무언가를 100% 확실히 이해하고 움직이기보다 일단 부딪치면서 알아가는 것이 최선이다. 따라서 아래 사이트를 즐겨찾기에 넣거나 모바일에서 애플리케이션을 다운받아 수시로 들여다봐야 한다. 2022년 7월 기준 주변 시세라고 할 수 있는 중저가 아파트의 가격이 금리 인상으로 하락하고 있기 때문에 청약을 무작정 할 게 아니라 아래의 사이트를 보고 철저한 사이버 임장(청약하기 전이나 주택을 구매하기 전에 주변과 매물을 확인하는 것)을 실시하며 신중해질 필요가 있다.

① 네이버 부동산(land.naver.com)

지도상으로 현재 분양 중인 정보를 확인할 수 있다.

② 부동산 114(www.r114.com)

사이버 임장으로 실제 현장의 영상을 확인할 수도 있다.

③ 호갱노노(www.hogangnono.com)

각종 분양과 관심 단지 정보를 알 수 있다. 철도, 교통 등 개발 호재와 지역 인구, 학교, 회사, 상권, 직장인 연봉까지 보여주는 고급 기능이 있어 사이버 임장 시 요긴하게 사용할 수 있다.

④ 분양알리미(www.bunyangi.com)

모바일 앱을 깔고 보면 좋다. 분양 단지에 대한 정보를 알려주고 어느 단지의 인기가 높은지 실시간으로 확인할 수 있다.

유튜브 'GemStoneTv'에서도 청약 정보와 일정을 알려준다.

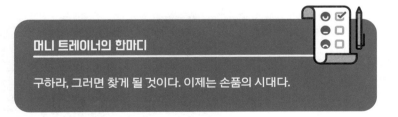

머니 트레이너의 한마디

구하라, 그러면 찾게 될 것이다. 이제는 손품의 시대다.

김경필의
오늘은 판테크
내일은 플렉스

혼쭐 4단계
불리기

재테크,
제발 이것만은 알고 하자

기본기 빌드업:
재테크란 과연 무엇인가

재테크財tech란 말 그대로 '돈 버는 기술'을 뜻하는 말로 21세기 들어 가장 널리 사용되는 용어 중 하나다. 부富를 만드는 원천인 토지, 자본, 노동 중 주로 토지나 자본을 늘리는 기술을 재테크라고 부른다.

과거에 부를 저장하는 수단은 화폐와 실물 자산뿐이었는데 인터넷이란 혁명적 도구가 등장하면서 새로운 수단과 거래 방법이 나타났다. 또 소셜 네트워킹 서비스가 발달하면서 정보의 차단벽이 완전히 해제됨에 따라 매우 다양한 재테크 기술이 쏟아지고 있다.

하지만 재테크를 시작하기 전 최소한 몇 가지는 알고 있어야 한다. 그렇지 않으면 허상을 좇는 일이 될 것이기 때문이다.

① 재테크는 상대가치다

2017년 서울 중위 가격 아파트는 6억 원 정도였으나 그로부터 5년이 지난 2021년 말에는 무려 12억 원으로 2배나 올랐다. 그렇다면 이 집을 소유한 사람의 부가 2배 늘어난 것일까? 무엇을 상대가치로 볼 것인지에 따라 달라진다.

6억 원을 현금으로 가지고 있으면서 은행에 예금을 한 사람과 비교하면 당연히 재테크를 잘한 것이다. 하지만 서울에 비슷한 집을 가지고 있는 사람과 비교해보면 부가 늘어났다고 할 수 없다. 이 사람이 지금 집을 팔고 다른 집으로 이사 간다고 해도 12억 원이 그대로 필요하기 때문이다.

즉 부가 늘어난다는 것은 결국 자신이 가진 돈의 구매력이 늘어나는 것을 의미한다. 그런데 집값은 현금 6억 원과 비교하면 상대가치가 늘어났지만, 주택이란 기준에서 보면 6억 원일 때나 12억 원일 때나 구매력은 그대로 34평 아파트 한 채이기 때문에 부가 늘어난 것이 아니다.

앞서 살펴본 것처럼 우리 집이 5,000만 원 올랐다고 좋아해도 길 건너 아파트는 1억 원이 올랐다면 우리 집은 결과적으로 5,000만 원 떨어진 셈이다. 이것이 바로 재테크다. 따라서 재테크를 할 때는 늘 상대가치를 고려해야 한다.

회초리 토크

부가 늘어난다는 것은 구매력이 늘어난다는 뜻이다.

② 재테크는 반드시 기회비용을 지불해야 한다

기회비용이란 무언가를 얻기 위해 포기한 것의 가치를 말한다. 재테크는 선택의 연속이다. 무언가를 선택할 때는 또 다른 선택을 포기하는 것이기 때문이다. 따라서 재테크라는 선택에는 반드시 무엇을 포기하고 무엇을 선택할지에 대한 고민이 필요하다. 만일 어떤 선택이 가져다주는 만족(효용)과 보상이 그것을 포기하는 기회비용에 비해 적다면 그 선택은 잘못된 것이다.

1억 원을 은행예금에 맡기는 선택은 예금을 하기 위해 포기한 다른 여러 투자 방법의 가치가 높지 않다는 결론을 내렸을 때만 가능한 것이다. 결과적으로 은행예금의 가치가 다른 기회비용보다 크다면 좋은 선택일 수 있지만 반대로 그렇지 않다면 잘못된 판단일 수도 있다.

회초리 토크

재테크에서 좋은 선택이 성립하려면 내가 선택한 투자 기회의 가치가 그것 때문에 포기한 다른 투자 기회의 가치보다 커야 한다.

226

③ 재테크는 미래의 현금 흐름을 만드는 것이다

소득에는 노동소득과 자본소득이 있다. 많은 사람이 노동소득에 의존한다. 월급을 받는 일뿐만 아니라 자신이 직접 몸을 움직여야 하는 자영업자의 경우도 큰 틀에서 보면 노동의 대가를 받기 때문에 노동소득을 얻는 것이다.

반면 자본소득이란 내가 일하지 않더라도 일정한 현금 흐름이 발생하는 것이다. 누구나 언제까지고 일할 수 있는 것은 아니기 때문에 언젠가 은퇴를 하더라도, 즉 노동소득이 끊기게 되더라도 일정한 소득이 발생하는 현금 흐름이 필요하다. 바로 이 현금 흐름을 가능하게 하는 것이 자본소득이며, 이것을 획득하려면 자산이 필요하다.

따라서 재테크의 목적은 자산을 만들고, 그 자산을 키우고, 근로소득이 없어지더라도 그 자산을 통해 미래의 현금 흐름을 계속 발생시키는 것이다.

재테크의 목적

① 자산 만들기: 노동소득 없이 현금 흐름을 발생시키는 것
② 자산 키우기: 미래 현금 흐름을 확보하는 것
③ 근로소득이 없더라도 미래의 현금 흐름이 계속되도록 하는 것

④ 재테크는 사람들의 관심사가 어디를 향하는지 알아야 가능하다

전 세계인의 사랑을 받는 방탄소년단의 인기는 상상을 초월한다. 미국 펜실베이니아대학교의 샘 리처즈 교수는 "BTS를 이해하지 못하면 성공할 수 없다"라는 말까지 했다. 사람들의 관심과 트렌드를 읽지 못한다면 무슨 일을 하든 성공하기 어렵다는 얘기다.

재테크도 마찬가지다. 사람들의 관심이 어디로 쏠리는지 읽는 능력이 필요하다. 대중의 관심이 곧 미래 가치이며, 그것이 곧 돈이 되기 때문이다. 따라서 소셜 미디어에 무관심하다면, 또 세상의 트렌드에 너무 무감각하다면 재테크를 할 수 없다. 사람들이 관심을 가지고 좋아하는 대상이야말로 그럴 만한 가치가 있기 때문이다.

사람들이 무엇을 좋아하는지 관심을 가져보라. 그 관심사가 대량생산을 통해 충분히 공급되지 못하는 것이라면 더더욱 눈여겨봐야 한다. 결국 미래에 새롭게 부상할 자산을 꿰뚫어보는 통찰력이란 사람들의 관심을 이해하는 능력이다. 즉 부동산이든 주식이든 재테크를 잘하려면 사회적·경제적 환경의 변화에 예민해야 하고, 그 무엇보다 사람들의 관심사를 읽는 능력을 키워야 한다.

머니 트레이너의 한마디

재테크란 돈을 버는 일이 아니다. 아무리 돈을 벌어도 그 돈의 상대 가치가 그대로라면 재테크라고 할 수 없기 때문이다. 내가 몸을 움직여서 현금 흐름을 발생시키는 노동소득을 자본이 돈을 버는 자본 소득으로 전환해 미래에도 안정적인 현금 흐름을 만들어내는 것이 재테크다.

기본기 빌드업:
자산이란 과연 무엇인가

예전에 한 포스터에서 이런 문구를 본 기억이 있다.

"어린이들은 대한민국 미래의 자산입니다."

어린이가 자산이라고? 자산이란 미래에 현금 흐름이 발생하는 것이라고 앞서 언급했는데 어린이들한테 도대체 무슨 현금 흐름이 발생한다는 말일까? 물론 이 말은 경제학적 관점에서 표현한 것이 아니다. 어린아이들이 국가의 미래에 소중한 가치가 있는 존재라는 뜻을 담은 표현이다.

사실 엄밀히 따져보면 아주 틀린 말도 아니다. 어린이들이 자라서 성인이 되면 국가에 세금을 낼 테니 국가 입장에서는 어린이로 인해 미래의 현금 흐름이 창출되는 것이다. 하지만 경제학적 관점에서 자산이란 용어는 다음 2가지 조건을 충족해야 한다.

자산의 2가지 조건

① 현금 흐름이 발생하는 가치 있는 것
② 시장에서 가격이 결정되고 거래가 가능한 것

그러니까 자산이란 현금 흐름, 즉 일정한 소득 또는 수익이 계속 발생하는 동시에 시장에서 가격이 결정되고 거래가 가능한 것을 말한다. 그렇다면 자산에는 어떤 것이 있을까? 바로 예금, 주식, 채권, 주택, 상가, 토지, 임야 등이 있다. 누구나 이런 자산을 충분히 많이 가지고 있다면 노동소득 없이도 생활할 수 있다. 만일 당신이 그런 사람이라면 월요일 아침 회사에 출근하지 않아도 될 것이다. 그러나 자산이 충분하지 않다면 일터로 출근해야만 한다.

재산상의 가치가 있다고 하더라도 엄밀한 기준으로 보면 자산이 아닌 것도 있다. 자동차, 비상장 주식, 임야, 암호화폐, 내가 사는 아파트 중 자산인 것과 자산이 아닌 것은 무엇일까?

자동차는 시장에서 가격이 결정되고 거래도 가능하지만 일정한 현금 흐름이 발생하는 것은 아니기 때문에 재산으로서 경제적 가치는 있지만 엄밀한 기준에서 자산은 아니다.

비상장 주식 또한 현금 흐름도, 시장 거래도 불가능하기 때문에 재산이기는 하지만 자산은 아니다. 임야는 어떨까? 시장에서 가격이 결정되더라도 원활한 거래가 이루어지지 않기 때문에 자산으로 보기 어렵다.

최근 핫한 투자 대상인 암호화폐도 엄밀한 의미에서 자산은 아니다. 당연하게도 현금 흐름이 존재하지 않기 때문이다. 현금 흐름이 없다는 것은 측정 가능한 가치가 없다는 것이다. 물론 이런 불확실한 상품을 아무리 비싸게 샀어도 더 비싸게 살 사람이 존재한다면 돈을 벌 수 있다.

그렇다면 내가 비싸게 사도 더 비싸게 살 사람이 생기게 하려면 어떻게 해야 할까? 지금처럼 암호화폐가 미래에 어떤 가치를 갖게 될지 아무도 모를 만큼 어렵고 복잡해야 한다.

회초리 토크

암호화폐는 자산이 아니다. 암호화폐의 유일한 미래 가치는 누구도 그 실체를 정확히 이해하기 어렵다는 것뿐이다.

반면 내가 사는 아파트는 일정 부분 월세를 받을 수 있고, 시세 차익이 발생할 수 있는 미래 현금 흐름이 있으며, 시장에서 가격이 결정되고 거래도 가능하므로 자산이라고 봐야 한다.

결국 자산을 많이 가지면 미래에 노동소득이 아닌 돈이 돈을 벌어다주는 자본소득을 확보할 수 있다. 따라서 자산의 속성을 아는 것은 매우 중요한 재테크의 기본 지식을 배우는 일이다.

> 자산이 무엇인지, 자산이 어떤 속성을 지니는지도 모르면서
> 자산을 늘릴 생각 같은 건 하지 마라.

머니 트레이너의 한마디

주변을 둘러보라. 정말 많은 종류의 자산이 있다. 어떤 자산에 왜 그 가격이 매겨졌는지 늘 생각해보는 습관을 가져보자. 그 가치는 어디서 나오는 것일까? 현금 흐름과 현금 흐름의 안정성 그리고 기대감은 어디에서 비롯되는 것일까?

기본기 빌드업:
자산 가격은 어떻게 결정되는가

주의! 이번 꼭지에서는 숫자가 많이 나오니 긴장하는 사람들이 있을 수 있다. 하지만 수학이 아닌 산수이므로 어렵게 생각하지 말고 기본 개념을 살펴본다고 생각하길 바란다. 재테크에서 아주 중요한 개념이다.

자산 가격은 어떻게 결정될까? 이 숙제를 풀려면 먼저 현재 가치와 미래 가치라는 간단한 개념을 이해해야 한다.

현재 가치와 미래 가치

현재 가치	일정 기간 후 미래에 얻는 금액이 현재 가지는 가치
미래 가치	일정 기간 후 미래에 얻게 되는 가치

미래 가치를 구하는 공식을 살펴보자.

미래 가치 공식

$$FV = PV(1 + R)^t$$

FV: 미래 가치 PV: 현재 가치
R: 이자율 t: 경과 연수

예를 들어 1억 원을 2년간 5% 금리로 예금하면 2년 후 얼마가 될까? 미래 가치 공식에 넣어서 간단히 계산해보자.

1억 원을 2년간 5% 금리로 예금했을 때의 미래 가치

$$미래 가치 = 1억 원 \times (1+5\%)^2$$
$$= 1억 1,025만 원$$

현재 가치 1억 원의 2년 후 미래 가치는 1억 1,025만 원이 된다는 사실을 알 수 있다. 여기서 현재 1억 원과 2년 후 1억 1,025만 원의 가치가 같다는 사실을 이해하는 것이 매우 중요하다.

회초리 토크

현재 1억 원은 2년 후 1억 1,025만 원과 가치가 같다.
같은 가치인데 현재 가치가 미래 가치보다 금액이 더 적다.
이게 무슨 소리인가?

쉽게 말해 지금 당신의 통장에 들어 있는 1,000만 원이 가치 있을까, 아니면 2년 후 1,000만 원이 더 가치 있을까? 그야 당연히 지금 1,000만 원이 더 가치 있다. 계산을 하지 않아도 알 수 있는 문제다. 그러니 지금 1,000만 원과 같은 가치를 지니려면 미래 가치는 당연히 금액이 더 커야 한다. 그러므로 가치가 같을 때 미래 가치에 비해 현재 가치의 금액이 더 적다.

이자율이 5%라는 가정하에서는 현재 가치 1억 원과 2년 후 1억 1,025만 원이 정확히 같다는 뜻이다. 사람들은 무조건 금액이 크면 더 가치 있다고 생각하는데 절대 그렇지 않다. 이 개념에서 벗어나야 재테크 초보를 면할 수 있다.

정수녕(미혼·30세·직장인) 씨는 몇 해 전 친구의 권유로 개인 연금에 가입했다. 막연하지만 안정된 노후를 준비하고 싶은 그녀는 월급 300만 원 중 무려 20%에 가까운 55만 원을 당장이 아닌 먼 미래를 위해 투자했다.

그런데 수녕 씨가 이렇게 큰 금액을 연금 같은 장기 상품에 선뜻 가입한 계기는 무엇일까? 그녀는 다른 것은 잘 몰라도 설명을 들으면서 가장 귀가 솔깃했던 부분을 들려주었다. 바로 나중에 받게 될 연금 액수다.

수녕 씨는 이 상품이 달마다 55만 원을 10년간 납입하면 자신이 65세가 되었을 때 월 100만 원의 연금을 준다는 점이 마음에 들어 가입했다고 했다. 필자는 혹시 그녀가 35년 후 받을 월 100만 원을 현재 가치로 오해한 것은 아닐까 싶다.

어떤 금융기관도 미래의 확정적인 수익률을 보장하지는 않는다. 그러니까 금리의 변동에 따라 달라진다는 뜻이다. 실제로 연금을 판매한 보험회사가 제시한 금리 수준이 실현된다고 해도 35년 후 월 100만 원의 가치는 당연히 현재 가치 100만 원과 다르다. 그렇다면 현재의 월 100만 원과 35년 후 월 100만 원은 얼마나 차이가 있을까?

요즘 '핫이슈'인 인플레이션을 감안해서 생각해보자. 만일 35년 후 100만 원을 현재 가치로 계산하면 얼마나 될까? 이를 알려면 현재 가치를 어떻게 계산하는지부터 알아야 한다.

현재 가치 공식

$$PV = \frac{FV}{(1+R)^t}$$

FV: 미래 가치　PV: 현재 가치
R: 이자율　t: 경과 연수

따라서 이자율이 5%라면 35년 후 100만 원의 현재 가치는 다음과 같다.

이자율이 5%일 때 35년 후 100만 원의 현재 가치

$$현재 가치 = \frac{100만 원}{(1+5\%)^{35}} = 18.1만 원(18만 1,000원)$$

35년 후 100만 원의 현재 가치는 이자율 5%를 기준으로 보면 18만 1,000원에 불과하다. 물론 지금의 이자율이 5%까지는 아니니 이 금액보다 약간 많을 수는 있다. 하지만 그녀가 개인 연금에 가입하기 위해 지불한 기회비용, 즉 내 집 마련 같은 목표 달성이 그만큼 늦어진다든지 하는 상황을 감안해보면 이자율은 5% 이상이 될 수도 있다. 이 상품에 가입하기 위해 포기한 것이 예·적금만은 아니기 때문이다.

이 세상에 매월 50만 원을 투자해서 할 수 있는 게 예·적금만 있는 것은 아니다. 예를 들어 연금에 가입하지 않고 내 집 마련에 좀 더 빨리 투자했다면 이자율이 아닌 주택 가격 상승률로 계산하는 것이 맞다.

회초리 토크

소득에 비해 너무 긴 장기 상품에 가입하는 것은
고高인플레이션 시대에 자칫하면 독이 될 수도 있다.

따라서 현재 가치를 계산할 때 R값을 무조건 이자율(금리)로 고정해선 안 된다. 이 세상에 할 수 있는 것이 예·적금뿐이라면 당연히 R값이 곧 이자율이겠지만, 지난 30년간 주식이나 아파트 등 기타 자산의 투자 수익률은 이보다 높은 경우도 있다.

이제 수식을 좀 고쳐보자. R값은 무조건 은행 이자율로 볼 것이 아니라 어떤 투자를 하는가에 따라 다르게 적용할 수도 있다.

현재 가치 수정 공식

$$PV = \frac{FV}{(1+R)^t}$$

FV: 미래 가치　　　　　PV: 현재 가치
R: 시장의 평균 투자 수익률　　t: 경과 연수

R값은 투자자에 따라 다양하게 나타날 수 있다. 정리하자면 미래 가치는 현재 가치에 금리 또는 시장의 다른 자산에 투자해서 기대할 수 있는 평균 수익률(R값)과 경과 연수를 제곱해서 구한다. 따라서 R값은 미래 가치의 금액을 증가시키는 할증 요소가 된다. R값이 커질수록 금액이 커진다는 뜻이다.

반면 현재 가치는 미래 가치를 금리 또는 시장의 다른 자산에 투자해서 기대할 수 있는 평균 수익률로 할인해서 결정이 난다. 여기서 R값은 현재 가치를 줄어들게 하는 할인 요소가 된다. R값이 커질수록 금액이 더 적어진다는 뜻이다.

이제 현재 가치와 관련된 예시 하나로 이를 더 정확히 이해해보자. 어느 직장에서 사기 진작을 목적으로 전 직원에게 미래에 100만 원 가치를 가질 상품권 3종류를 각 1장씩 지급했다. 미래 상품권 중 ①은 1년 후 100만 원, ②는 2년 후 100만 원, ③은 3년 후 100만 원으로 환전할 수 있다.

그런데 박 부장이 점심시간에 김 대리를 조용히 불렀다. 박 부장은 최근 자녀가 입시를 앞두고 있어서 교육비 때문에 현금이 부족하다며 김 대리에게 혹시 자신의 상품권 3장을 현금 250만 원에 인수하면 어떨지 제안했다.

상품권 3장의 액면가는 300만 원이지만 50만 원을 할인한 250만 원에 사달라는 것이었다. 김 대리는 박 부장의 제안을 놓고 곰곰이 생각해보았다. 평소 위험한 투자는 절대 하지 않고 오로지 연 3.5% 정도 되는 예·적금만 고집해온 김 대리였다. 과연 김 대리가 이 제안을 받아들이는 것이 좋을까?

우선 김 대리가 오직 3.5%의 예·적금만 하고 있으니 그의 기대 수익률은 3.5%라고 할 수 있다. 기회비용도 3.5%다. 상품권 3장에 250만 원을 투자한다는 것은 3.5%라는 예·적금을 포기하고, 즉 그만큼의 기회비용을 지불하고 선택하는 것이기 때문이다. 상품권 3장의 현재 가치가 얼마인지 앞서 배운 공식으로 확인해보자.

상품권 3장의 현재 가치

①	②	③	총액
$\dfrac{100만\ 원}{(1+0.035)}$ = 96만 6,000원	$\dfrac{100만\ 원}{(1+0.035)^2}$ = 93만 4,000원	$\dfrac{100만\ 원}{(1+0.035)^3}$ = 90만 2,000원	280만 2,000원

상품권 3장의 현재 가치는 280만 2,000원이다. 박 부장은 이 가치를 250만 원에 파는 셈이니 당연히 김 대리에게는 이득인 제안이다.

이처럼 액면가 300만 원이어도 미래에 발생하는 현금 흐름을 현재 가치로 환산해보면 액면가보다 더 적어진다. 결국 미래 가치보다 현재 가치의 금액이 줄어드는 것이다. 이때 더 줄어드는 폭을 결정하는 요소가 바로 R값이다. R값은 투자자에 따라 다르지만 대체로 시장의 이자율에 영향을 받는다.

머니 트레이너의 한마디

결국 자산 가격이란 먼 훗날 그 자산에서 나올 현금 흐름을 현재 가치로 할인한 가격을 말한다. 할인할 때 영향을 주는 R값은 기대 수익률 혹은 요구 수익률이라고도 하는데, 이는 투자자가 투자 대상에 대해 갖는 최소한의 기대치를 의미한다.

기본기 빌드업:
자산 가격 결정 공식

미래 상품권 3장은 자산일까, 아닐까?

앞서 살펴본 자산의 2가지 필수 조건인 현금 흐름이 발생하는지, 그리고 시장에서 가격이 결정되고 거래가 가능한지 살펴보면 이 상품권은 자산이 맞다는 결론이 나온다. 1년 후, 2년 후, 그리고 3년 후 100만 원씩 현금 흐름이 발생하며 현재 직원들끼리 거래할 수 있는 유가증권이기 때문이다.

그렇다면 자산인 이 상품권의 현재 가격은 어떻게 결정되는가? 돈이 당장 급한 박 부장은 250만 원에 팔려고 한다. 반면 김 대리는 3.5% 수익률이라는 기대치를 갖고 있기 때문에 자산의 현재 적정 가격이 3.5% 할인한 280만 2,000원이라고 생각한다. 즉 현재 자산 가격은 미래의 현금 흐름을 시장에 있는 투자자의 기대 수익률(R값)로 할인해 계산한다.

그런데 어떤 사람에게는 250만 원, 또 어떤 이에게는 280만 원이 적정 가격인 이유는 무엇일까? 바로 사람마다 생각하는 투자에 대한 기회비용, 즉 기대 수익률이 모두 다르기 때문이다. 시장 전체 투자자의 기대 수익률이 3.5%라면 이 자산의 현재 가격은 280만 2,000원으로 결정된다.

그렇다면 다른 자산들도 이런 방법으로 계산할 수 있지 않을까? 물론 기대 수익률은 사람마다 모두 다르다. 하지만 만일 이 세상 사람들의 기대 수익률이 단 하나뿐이라면 자산 가격은 어떻게 결정될까?

자산 가격 공식

$$\frac{\text{자산}}{\text{가격}} = \frac{1년\ 후\ 현금\ 흐름}{(1+Re)} + \frac{2년\ 후\ 현금\ 흐름}{(1+Re)^2} + \frac{3년\ 후\ 현금\ 흐름}{(1+Re)^3} + \cdots$$

Re: 시장의 평균 기대 수익률

결국 1년 후 현금 흐름을 시장의 평균 기대 수익률로 할인한 값에 2년 후의 현금 흐름의 할인한 값, 또 3년 후 현금 흐름의 할인된 값이 기간에 따라 무한대로 더해져서 결정될 것이다. 이 수식은 곧 과거 수학 시간에 배운 무한등비수열이 된다. 지금은 수학 시간이 아니니 그 과정은 생략하고 이 식을 정리해보자.

자산 가격 수정 공식

$$P = \frac{CF}{R}$$

P: 자산 가격   CF: 현금 흐름   R: 기대 수익률

이 수식을 보면 자산 가격은 현금 흐름의 양을 기대 수익률로 나눈 것이라는 걸 알 수 있다. 어떤 사람이 은행을 찾아 1년 이자율이 2.5%인 정기예금에 1억 원을 맡겼다고 생각해보자. 고객이 이 예금 상품이란 자산에 기대하는 기대 수익률은 얼마인가? 그렇다. 바로 기대 수익률은 2.5%다.

우리는 고객이 은행에 갔더니 마침 이자율이 2.5%라는 상품을 소개받고 가입한 것으로 보통 알고 있지만 사실은 그렇지 않다. 이 고객의 기대 수익률이 연 2.5% 수준이기 때문에 정기예금에 가입한 것이다. 만일 이 고객의 기대 수익률이 2.5%가 아닌 그보다 훨씬 높은 5%나 10%였다면 절대로 정기예금에 가입하지 않을 것이다. 아마 주식이나 코인을 했을지도 모른다.

그렇다면 이 사람의 기대 수익률이 이처럼 낮은 이유는 무엇인가? 첫째는 1억 원이라는 원금을 중요시하기 때문이다. 둘째는 적은 이자라도 안정적으로 나오기를 원하기 때문이다.

결론적으로 원금을 보장하고 수익의 안정성을 얻기 위해 고수익을 얻을 가능성은 버린 것이다. 반면 1억 원을 주식이나 코인같이 다소 위험한 자산에 넣는 사람들도 있다. 이들은 2.5%

라는 낮은 수익률을 용납하지 않는다. 손실이 생길 가능성이 있다고 하더라도 기대 수익률이 높다면 그 위험을 감수하는 것이다.

매년 250만 원의 현금 흐름이 발생하는 자산을 원하는데 기대 수익률이 2.5%라면 이러한 자산의 가격은 1억 원이 된다.

반면 매년 250만 원의 현금 흐름이 발생하는 자산을 원하는데 기대 수익률이 5%라면 이러한 자산의 가격은 5,000만 원에 불과하다.

기대 수익률에 따른 자산 가격

2.5%	$\dfrac{250만\ 원}{0.025} = 1억\ 원$
5%	$\dfrac{250만\ 원}{0.05} = 5,000만\ 원$

이 이야기는 결국 1억 원을 투자해 기대 수익률 2.5%를 바라는 투자자는 연간 250만 원의 수익을, 기대 수익률 5%를 바라는 투자자는 연간 500만 원의 수익을 기대한다는 말과 같다. 하지만 위 공식은 항상 현금 흐름이 같다는 가정하에 만든 것이고, 실제로 시장에서는 이처럼 현금 흐름이 고정되어 있지 않으며 자산이 성장할 것이란 기대감이 존재한다. 따라서 성장률이란 새로운 변수를 넣어 수식을 다시 정리해보자.

기대 수익률이 2.5%일 때 성장률을 고려한 자산 가격

$$\frac{CF1(1+g)}{(1+Re)} + \frac{CF1(1+g)^2}{(1+Re)^2} + \frac{CF1(1+g)^3}{(1+Re)^3} + \cdots$$

g: 성장률   CF1: 현금 흐름   Re: 시장의 평균 기대 수익률

 이 수식을 정리하면 자산 가격이 형성되는 원리를 보여주는 공식을 도출할 수 있다.

자산 가격 형성 원리 공식

$$P = \frac{CF1}{R-g}$$

P: 자산 가격   CF1: 현금 흐름
R: 기대 수익률 g: 성장률

 결국 자산 가격은 1년 후 나올 현금 흐름을 기대 수익률(R)에서 성장률(g)을 뺀 값으로 나눈 것이다. 말로 하니 복잡해 보이지만 수식으로 보면 간단하다.

 분자값(현금 흐름)이 클수록, 분모값(기대수익률-성장률)이 작을수록 자산 가격은 비싸진다. 분모값이 작아지려면 당연히 기대 수익률은 낮고 성장률은 높아야 한다. 여기서 기대 수익률이 낮다는 말은 미래에 성장한다는 기대가 있으면 당장의 수익률이 좋지 않아도 감안한다는 뜻으로, 현금 흐름이 안정적일수록 기대 수익률은 낮아진다. 이게 무슨 뜻일까?

 이 말을 좀 더 이해하기 쉽게 설명하기 위해 필자가 겪은 사

례를 들어보겠다. 현재 필자의 사무실은 월 임대료 200만 원 정도로 1년마다 갱신하는 방식이다. 그런데 어느 날 건물주에게서 전화가 왔다. 만일 임대계약을 5년으로 연장하면 임대료를 월 150만 원으로 할인해주겠다는 제안이었다.

만일 임대 공간의 원가가 5억 원이라면 건물주의 현재 임대 수익률은 4.8%다. 하지만 5년 계약을 하면 월 임대료는 150만 원으로 낮아지기 때문에 임대 수익률은 3.6%로 하락한다. 그럼 건물주가 스스로 수익률을 낮추면서까지 이런 제안을 한 이유는 무엇일까?

건물주의 제안

	임대료	수익률	현금 흐름의 안정성
현재 계약	월 200만 원 (연간 2,400만 원)	4.8%	낮음(매년 갱신)
신규 계약	월 150만 원 (연간 1,800만 원)	3.6%	높음(5년 계약)

바로 현금 흐름의 안정성을 높이기 위해서다. 이처럼 현금 흐름의 안정성을 높이기 위해서라면 투자자들은 당장의 수익률을 낮추는 것도 마다하지 않는다. 현금 흐름의 안정성이 높을수록 기대 수익률이 낮다는 말이다.

공식을 직관적으로 이해하지 못해도 상관없다. 이 공식으로 우리는 자산 가격에 영향을 주는 3가지 요소를 알게 되었다.

자산 가격에 영향을 주는 3가지

① 현금 흐름의 양(크기)
② 현금 흐름의 안정성
③ 현금 흐름의 성장성(기대감)

자산에서 나오는 현금 흐름의 양이 클수록 자산 가격은 비싸진다. 예를 들어 월세 100만 원 상가와 월세 150만 원 상가, 또 매년 주당 순이익이 1만 원인 주식과 주당 순이익이 2만 원인 주식, 또는 매년 1만 원 배당하는 주식과 2만 원 배당하는 주식 중 무엇이 비쌀지 생각해보면 간단하다. 당연히 월세 150만 원인 상가와 주당 순이익이 2만 원인 주식, 배당 2만 원인 주식이 비쌀 것이다.

하지만 현금 흐름의 양만 자산 가격을 좌우하는 것은 아니다. 실제로 현금 흐름의 양이 적을수록 오히려 비싼 자산이 있기 때문이다. 왜 그럴까? 바로 자산에서 나오는 현금 흐름의 안정성이 다르기 때문이다. 저성장 경제가 지속되면서 현금 흐름의 안정성은 현금 흐름의 양보다 자산 가격에 큰 영향을 주는 요소가 되었다.

마지막은 현금 흐름의 성장성이다. 이것은 한마디로 '시장의 기대감'이라고 표현할 수 있다. 현금 흐름의 양이 앞으로 얼마나 늘어날 것인지 시장이 기대하는 바가 바로 성장률이라는 요소로 나타난다.

예를 들어 월세 100만 원 나오는 강남 아파트와 월세 100만 원 나오는 비강남 아파트가 있다면 어떤 자산이 더 비쌀까? 그야 당연히 인기 지역인 강남에 있는 아파트가 비싸다. 왜 그럴까? 현금 흐름도 1,200만 원으로 같고 아파트이므로 현금 흐름의 안정성도 큰 차이는 없을 텐데 말이다. 시장의 기대감, 그러니까 앞으로 월세를 더 높게 받을 수 있는 가능성을 반영하는 성장성이 강남 아파트가 더 높기 때문이다.

이 경우 강남 아파트를 구매하는 사람은 나오는 현금 흐름(월세)이 같은데도 더 비싼 가격을 지불하고 사는 셈이 된다. 지금 당장 나오는 월세에 비해 비싸다는 말은 결국 '가성비'라는 측면에서 나쁘다는 말이다. 미래에 성장할 거라는 기대가 있다면 지금 당장의 기대 수익률을 낮춘다(비싸도 그냥 사려고 한다는 뜻이다).

자산 가격에 영향을 주는 요소

$$P = \frac{CF}{R-g}$$

현금 흐름의 양 → CF
현금 흐름의 안정성 → R
현금 흐름의 성장성 → R, g

이제 배운 내용을 현실의 자산 가격에 대입해서 생각해보자.

현재 서울의 중위 가격 아파트의 자산 가격은 어떻게 결정되는지 분석해보자. 자산 가격을 보려면 우선 아파트에서 나오는 현금 흐름을 살펴봐야 한다. 아파트에서 나오는 현금 흐름이란 무엇일까? 바로 전·월세 가격이다.

서울 중위 가격 아파트의 전·월세 평균 가격

계약일	가격	타입	층
2022.1. 4	7억 3,000만 원	110C/D	5층
2022.1. 4	4억 7,250만 원	110C/D	1층
2021. 11. 22	2억/120만 원	111B	10층
2021. 9. 15	6억/30만 원	110C/D	7층
2021. 8. 24	5억 5,000만 원	110C/D	2층
2021. 8. 14	4억 5,000/10만 원	111B	3층
2021. 7. 21	7억 원	110C/D	7층
2021. 3. 22	4억2,000만 원	110A	14층
2021. 2. 27	4억 3,000만 원	110C/D	10층
2020.12.19	4억 9,000만 원	110A	15층
2020.11.21	7억 원	110C/D	4층
2020.10.24	4억/90만 원	110A	13층

한 아파트의 전·월세 평균 가격은 보증금 2억 원에 월세 120만 원이었다(2021년 연말 기준). 그렇다면 1년간 발생하는 현

금 흐름의 최대치는 재산세 140만 원을 제외한 1,800만 원이다. 여기서 보증금 2억 원을 연간 2.5%로 계산하는 이유는 전·월세 전환율이 현재 2.5%이기 때문이다.

보증금 2억 원/월세 120만 원 아파트의 현금 흐름 최대치

월세 120만 원 × 12개월	+ 1,440만 원
보증금 2억 원 × 전·월세 전환율 2.5%	+ 500만 원
평균 재산세	- 140만 원
	연간 현금 흐름 1,800만 원

전·월세 전환율이란 전세 금액을 월세로 전환할 때 월세 비율을 나타내는 것이다. 현실적으로 보증금이 0인 경우는 없지만 만일 보증금 없이 최대치로 월세를 받는다면 2억 원으로 1년에 500만 원을 받을 수 있다는 결론이 나오기 때문에 서울 중위 가격 아파트의 현금 흐름의 최대치는 1,800만 원이다.

그럼 현재 이 아파트의 가격은 얼마나 될까? 은행예금으로 이자를 1,800만 원 받으려면 현재(2022년 1월 기준 이자율 1.5%) 기준으로 14억 3,000만 원을 은행에 넣어야 한다.

만일 아파트의 기대 수익률과 은행예금의 기대 수익률이 같다면 아파트도 14억 3,000만 원이 될 것이다. 하지만 그렇지는 않다. 아파트의 안정성이 은행예금과 똑같지는 않기 때문이다.

이 D아파트의 가격은 2022년 1월 기준 11억 5,000만 원이다.

D아파트의 최근 3년간 가격 변화 추이

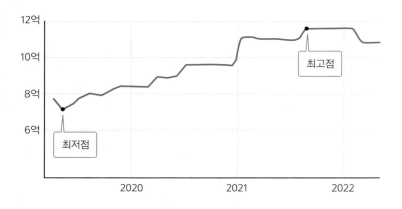

그렇다면 현재 시장에서 이 아파트가 11억 5,000만 원에 거래되는 이유를 앞서 배운 수식으로 풀어보자.

D아파트의 가격 결정 구조

$$\frac{CF}{R-g} = \frac{1{,}800\text{만 원}}{2.56\% - 1.0\%} = 11\text{억 }5{,}000\text{만 원}$$

여기서 분모값(R-g)은 1,800만 원으로 11억 5,000만 원을 나눈 값, 즉 1.56%다. 아무리 아파트 현금흐름이 안정적이라고 하지만, 이론적으로 예금이자보다 안정적일 수는 없다. 따라서 분모값이 예금금리보다 낮은 1.56%인 게 언뜻 이해되지 않는다. 여기서 분모값 1.56%은 아파트의 기대 수익률이 1.56%라는 것이 아니다. 예를 들어 아파트의 기대 수익률은 2.56%로 예금이자보다 높다고 가정할 때, 시장에서 투자자들이 아파트의 향후 성장률을 매년 단 1% 정도라도 예상한다면 1%를 빼서 분모값이 1.56%이 되는 것이다. 현재의 기대 수익률은 2.56%로 예금보다 높지만 성장률이 1%라면 전체 분모값은 1.56%가 된다.

결국 아파트 월세 투자자들의 성장률은 미래 기대감을 뜻한다. 기대감이 아파트 가격을 좌우한다.

머니 트레이너의 한마디

지금의 자산 가격은 자산이 미래에 벌어들일 돈을 현재의 가치로 평가해본 것이다.

'단기간 고수익'이라는
새빨간 거짓말

"이 세상에 공짜는 없다" 또는 "돈은 거짓말을 하지 않는다"라는 말을 많이 들어봤을 것이다. 이 말은 무엇이든 반드시 대가를 치러야 얻을 수 있다는 기본적인 경제 원리를 설명하는 것이기도 하고, 시장경제에서 가격의 효율성을 설명하는 것이기도 하다.

무언가를 얻으려면 무언가는 포기해야 한다. 옷 가게를 찾은 손님이 점원에게 유명 브랜드 제품이면서 디자인도 좋고 튼튼한데 가격은 저렴한 것을 추천해달라고 하면 점원은 어떻게 응대해야 할까? 아마 이런 말을 하지 않을까?

"손님, 죄송하지만 저희 매장에 그런 물건은 없습니다."

그렇다. 그 매장뿐 아니라 이 세상 어디에도 그런 상품은 존재하지 않을 것이다. 브랜드와 디자인, 내구성 중 어떤 것도 포기(희생)하지 않으면서 가격까지 저렴한 제품을 얻을 수는 없기 때문이다. 한정된 가격대의 상품을 원한다면 브랜드를 포기하든지 디자인이나 내구성을 포기해야만 한다.

자산도 마찬가지다. 이것이 바로 자산 시장에서 널리 통용되는 원리인 '위험과 수익의 교환 관계risk-return trade-off'다. 흔히 '하이 리스크, 하이 리턴'이라고 부르기도 한다. 이는 리스크가 높으면 보상이 크고 리스크를 낮으면 보상이 적다는 뜻이다.

경제가 고속 성장할 때는 리스크가 높아도 보상이 큰 자산을 택해야 돈을 벌 수 있다. 하지만 극도의 저성장 시기엔 반대로 보상이 적더라도 리스크가 낮은 자산에 돈이 몰리는 현상이 많이 발생한다.

회초리 토크

'단기간 고수익 확보'라는 홍보 문구에 혹하지 마라.
늘 위험과 수익의 교환 관계를 기억하라.

예를 들어보자. 수익이 월 200만 원 정도 되는 자산 4가지가 있다. 첫째는 주식이다. ○○전자 주식 4,000주로, 시가 2억 6,800만 원 상당이다(주당 순이익은 1년에 6,000원인데, 이 주당 순이익을 현금 흐름으로 간주한다면 이 주식은 매년 2,400만 원의 현금 흐름을 발생시키는 셈이다). 둘째는 임대료 월 200만 원인 시가 6억 2,300만 원짜리 서울에 위치한 상가다. 셋째는 아파트다. 15억 9,000만 원짜리 서울 아파트로 매달 200만 원의 월세가 나온다. 넷째는 예금이다. 은행 정기예금에 14억 1,000만 원을 넣어 놓으면 월 200만 원의 이자가 나온다(금리 연 2% 상품에 가입하면 1년 후 이자는 2,400만 원이다).

4가지 자산 모두 수익이 월 200만 원씩 발생하는데 자산 가격은 왜 이렇게 천차만별일까?

월 200만 원의 현금 흐름을 만들기 위한 자산 4가지

자산 종류	투자금	리스크	요구 수익률
○○전자	2억 6,800만 원	높음	8.9%
상가 건물	6억 2,300만 원	약간 높음	3.85%
서울 아파트	15억 9,000만 원	매우 낮음	1.5%
예금	14억 1,000만 원	거의 없음	2.0%

경제가 매년 5% 이상 성장하는 등 경기가 좋으면 사람들은 월 200만 원의 수익을 거두기 위해 주식 또는 상가를 확보하려 한다. 즉, 적은 돈으로 높은 수익을 올리려 한다. 이 말은 곧 자산에 대한 요구 수익률이 높다는 뜻이다(주식 8.9%, 상가 3.85%).

하지만 초저성장 시대에는 예금 또는 부동산으로 현금 흐름을 만드는 방법을 선호한다. 부동산 투자자라면 상가, 건물, 오피스텔, 주택 중 무엇의 미래 현금 흐름이 가장 안정적일지 생각해 보라. 요구 수익률이 높은 것은 미래 소득이 가변적이란 뜻이고, 요구 수익률이 낮은 것은 미래 소득이 안정적이란 뜻이다.

실제로 이런 시기에는 예금 혹은 부동산을 가진 사람이 유리해지는 국면이 있다. 자산 중 요구 수익률이 낮은 쪽을 더 선호하게 되면서 그런 자산이 더 비싸지는 현상이 발생한 것이다. 특히 부동산 쪽에서 마지막까지 손에 쥐고 있어야 할 자산은 주택이다. 일반적으로 부동산 요구 수익률은 토지 〉 상가 건물 〉 주거용 오피스텔 〉 아파트순이다(물론 개별 물건에 따라 달라질 수 있다).

부동산 요구 수익률 순서

① 토지	② 상가 건물
③ 주거용 오피스텔	④ 아파트

초저성장 시대에는 주택 가격 양극화도 심화된다. 이럴 때 투자 시장에서 절대 해선 안 되는 말이 '바닥'이다. 과거에는 주식이든 부동산이든 가격이 급락할 때 바닥이라고 불리는 나름의 지지선이 존재했다. 시장에서 '이 정도 떨어졌으면 이제 정말로 바닥'이라는 암묵적 공감대가 형성되었다. 바닥을 치면 시장에

매수하려는 사람이 등장하고 자연스레 반등의 계기가 생기는
일이 반복되곤 했다. 하지만 요즘은 그렇지 않다.

회초리 토크

> 초저성장의 양극화 시대에는 천장도 바닥도 없다.
> 제발 "많이 떨어졌으니 지금 들어가야 할 때"라는 말,
> 함부로 하지 마라.

또 '꼭대기'라는 말도 쉽게 해선 안 된다. 희한하게도 가격이
너무 올랐다 싶은 자산은 천장을 뚫어버리듯 더 높이 올라가는
경우가 많다. 과거에는 너무 떨어진 것은 바닥에서 반등하고, 너
무 오른 것은 꼭대기를 찍고 내려왔다. 그 과정을 통해 시장이
서로 보조를 맞춰갔다. 그러나 이제 그런 일이 드물다.

몇 년 전 인터넷에서 부동산 칼럼을 본 적이 있다. "소형 평형
지고 대형 평형 뜬다"는 기사였다. 그 칼럼을 쓴 사람은 뚜렷한
논거 없이 "상반기에 25~30평형대 아파트 상승률이 너무 높았
으니 앞으로는 상승률이 낮았던 대형 평형이 상승할 확률이 높
다"고 주장했다.

이런 식의 단순 논리는 재테크 시장에서 더는 통하지 않는다.
초저성장이 지속되면 오히려 지금까지 상승률이 높았던 자산의
상대 가치가 당분간은 다른 자산에 비해 더 좋아진다. 이는 앞

서 설명한 안전자산에 대한 선호와 밀접한 관계가 있다.

성장률이 개선되지 않는 한 시장에서 안전자산으로 분류하면 끝없이 오르고, 안전성에 약간이라도 의심이 생기면 끝 모르게 추락하는 일이 반복될 것이다. 시장의 자산 가격이 이제 더는 보조를 맞추지 않는다는 얘기다. 시쳇말로 "되는 놈만 된다"는 말이 딱 맞아떨어지는 모양새다.

자본주의가 발달하면 왜 양극화가 생기는지 보여주는 현상이다. 세계 최고의 축구구단인 레알 마드리드의 페레스 회장은 다음과 같은 문장을 남겼다. "가장 비싼 선수가 실제로는 가장 싼 선수다." 자본주의 시장의 가격 결정 원리를 오랜 시간 경험한 고수의 인생 경험에서 나온 말이다.

머니 트레이너의 한마디

자본주의가 고도화하면 양극화는 피할 수 없다. 자신이 그 양극단 어디에 서게 될지 고민하라.

눈앞의 안정된 수익이냐,
미래의 큰 수익이냐

앞에서 자산이 무엇이며 자산 가격은 어떤 것에 영향을 받는지 알아보았다. 결론적으로 자산 가격은 현금 흐름의 양이 클수록, 현금 흐름의 안정성이 좋을수록, 또 성장성(기대감)이 높을수록 비싸진다는 것을 확인했다. 그렇다면 이 3가지 중 가장 중요한 요소는 무엇일까?

결론부터 말하자면 21세기에 접어들면서 현금 흐름의 양보다 현금 흐름의 안정성이 자산 가격에 더 큰 영향을 주고 있으며, 2008년 금융 위기 이후로는 계속해서 성장성과 기대감이 자산 가격에 가장 큰 영향을 주고 있다. 그 이유는 무엇일까?

자산 가격에 영향을 미치는 주요 요인

고성장 시대	현금 흐름의 양
저성장 시대	현금 흐름의 안정성
초저성장 시대	현금 흐름의 성장성(기대감)

사회현상을 가장 잘 나타내는 것 중 하나가 바로 결혼 문화다. 과거 1990년대에서 2000년대 초반까지는 가장 인기 있는 배우자감으로 전문직을 제외하면 대기업을 다니는 직장인이 높은 순위를 차지했다. 그야 당연하게도 직장인 중에서도 소득 높은 신랑감이 인기 있었기 때문이다. 앞서 말한 자산 가격에 빗대어 표현하면 현금 흐름의 양이 큰 직업이 인기가 있었다는 뜻이다.

하지만 2000년대 들어서면서 양상이 많이 달라졌다. 월급이 많은 직업보다 월급은 적더라도 오래도록 일할 수 있는 직업, 즉 현금 흐름의 안정성이 높은 직업이 인기 있고 배우자감을 고를 때도 공무원이 가장 인기 높은 직종이 된 것이다. 특히 2008년 금융 위기 이후 전 세계가 초저성장 시대로 접어들면서 이런 현상이 더더욱 두드러졌다.

어떤 비즈니스도 성장하기 어려운 상황이 지속되면서 현금 흐름의 양보다 지속성과 안정성을 확보한 배우자감이 높은 순위에 포진했다. 한 결혼 전문 업체가 발표한 자료를 보면 남녀 모두 배우자로 공무원을 가장 선호한다는 결과가 눈길을 끈다.

MZ세대 미혼 남녀가 원하는 배우자상

	남자가 원하는 배우자	여자가 원하는 배우자
중요 조건	성격·가치관 > 외모 > 연령	성격·가치관 > 소득 > 직업
직업	**공무원 > 사무직 > 전문직**	**공무원 > 전문직 > 사무직**
취미	여행 > 요리 > 운동·액티비티	여행 > 요리 > 운동·액티비티
연봉	3,000만~6,000만 원	6,000만~1억 원
자산	1억~3억 원	1억~3억 원
신장	160~165cm	175~180cm
학벌	대학교 졸업	대학교 졸업
연령 차이	1~4세 연하	1~4세 연상

1970년대 우리나라는 연평균 9%라는 엄청난 경제성장률을 기록했다. 또 1980년대에도 8.6%, 1990년대에도 IMF 외환 위기 때를 제외하면 여전히 7% 이상의 고도성장을 지속했다. 이런 높은 성장이 이루어지는 경제하에서는 먼 미래의 막연한 수익을 좇지 않는다.

회초리 토크

> 고성장 시대에는 결코 먼 미래의 막연한 수익을 좇지 않는다. 즉 아무리 먼 미래에 큰 수익을 거둘 가능성이 있어도 당장의 수익이 더 높은 평가를 받는다는 뜻이다.

은행에 예금만 해도 6~7%의 이자를 주기 때문에 돈의 투기적 성향speculation tendency이 약화한다. 실제로 자산 가격 원리를 적용해봐도 성장률이 높으면 먼 미래의 큰 현금 흐름보다 가까운 시간 내에 발생하는 작은 현금 흐름을 훨씬 높게 평가한다.

성장률이 높은 경제란 모든 투자자의 기대 수익률이 높다는 것을 말한다. 당연하게도 최소 7%의 은행 이자를 포기하고 다른 곳에 투자하는데 7%보다 낮은 수익률을 기대할 리 없지 않겠는가? 이런 경제하에서는 금액이 적더라도 당장 가까운 시일 내에 발생하는 현금 흐름을 더 선호한다.

예를 들어, 10년간 수익이 매년 100만 원씩 증가하는 사업 아이템 S가 있다고 가정해보자. 1년 후 100만 원, 2년 후 200만 원, 3년 후 300만 원의 수익이 생긴다. 그렇다면 초기 3년간 수익은 600만 원이다. 하지만 10년 후에는 1년간 1,000만 원이라는 수익이 발생한다.

10년 후 발생하는 1,000만 원은 매우 크지만 현재 가치는 508만 원에 불과하다. 반면 초기 3년간 생기는 수익 600만 원은 10년 후 1,000만 원보다 금액은 적어도 현재 가치로 514만 원이나 된다. 먼 미래의 높은 수익보다 당장의 현금 흐름이 더 높게 평가된다는 것을 확인할 수 있다.

고도성장기 아이템 S의 현재 가치

경제성장률 8%, 은행 금리 7% → 시장의 최저 기대 수익률 7%			
1년 후	**2년 후**	**3년 후**	**10년 후**
$\dfrac{100만 원}{(1+7\%)}$ =94만 원	$\dfrac{200만 원}{(1+7\%)^2}$ =175만 원	$\dfrac{300만 원}{(1+7\%)^3}$ =245만 원	$\dfrac{1{,}000만 원}{(1+7\%)^{10}}$ =508만 원
초기 3년 수익의 현재 가치 514만 원			10년 후 수익의 현재 가치 508만 원

반면 저성장 시대에는 어떨까? 초기 3년간 생기는 600만 원의 현재 가치는 580만 원이다. 반면 10년 후 1,000만 원의 현재 가치는 862만 원이나 된다. 이 경우 당장 3년간의 현금 흐름보다 미래의 현금 흐름이 현재 더 크게 평가된다는 것을 알 수 있다. 기대 수익률이 작아짐에 따라 미래 수익에 대한 현재 평가에서 할인 폭이 줄어들어 생기는 현상이다.

초저성장기 아이템 S의 현재 가치

경제성장률 2%, 은행 금리 1.5% → 시장의 최저 기대 수익률 1.5%			
1년 후	**2년 후**	**3년 후**	**10년 후**
$\dfrac{100만 원}{(1+1.5\%)}$ =98만 5,000원	$\dfrac{200만 원}{(1+1.5\%)^2}$ =194만 원	$\dfrac{300만 원}{(1+1.5\%)^3}$ =287만 원	$\dfrac{1{,}000만 원}{(1+1.5\%)^{10}}$ =862만 원
초기 3년 수익의 현재 가치 약 580만 원			10년 후 수익의 현재 가치 862만 원

당장의 수익보다 (미래에 받을 금액만 커질 수 있다면) 먼 훗날의 현금 흐름의 현재 가치가 더 높이 평가된다는 것은 뭘 의미할까? 먼 미래라고 할지라도 좀 더 고수익을 거두는 편이 더 매력적으로 느껴진다는 것은 결국 돈의 투기적 성향이 증가한다는 뜻이다.

금리와 투기적 성향의 관계

고성장 시대(고금리)	돈의 투기적 성향 거의 없음
저성장 시대(저금리)	돈의 투기적 성향 높아짐
초저성장 시대(초저금리)	돈의 투기적 성향 극도로 높아짐

돈의 투기적 성향이 극도로 높아진 지난 10년 동안 요구 수익률이 매우 낮은 자산이 시장에 등장했다. 수익에 비해 엄청나게 비싼 미국 주식과 암호화폐 등 자산이라고 말하기도 애매한 자산들이 그것이다. 이런 자산은 금리가 오르면 가장 먼저 가격이 하락한다.

이 이야기를 좀 더 명확하게 이해하기 위해 좀 더 쉬운 예를 들어보자. 여기 한 투자자가 있다. 그는 넓은 밭을 사들여 대량으로 농사를 지으려 하는데 현재 두 종류의 밭을 놓고 고민 중이다. 하나는 배추밭이고 또 하나는 인삼밭이다.

배추밭은 수확물인 배추의 단가가 높지는 않지만 봄·가을마다 계속 생산할 수 있으며 매년 수확할 수 있기 때문에 수익이 꾸준히 발생할 것으로 예상된다. 반면 인삼밭은 6년을 기다려야 수확이 가능한 대신 단가가 매우 높아 농사에 성공하기만 하면 엄청나게 높은 수익을 얻을 것으로 예상된다.

여러분이 투자자라면 어떤 밭에 투자하겠는가? 투자자는 자본을 투입해 미래에 얼마나 많은 수익을 확보할 것인가에 가장 큰 관심을 보인다. 그런 면에서 당장의 자본 수익률은 배추밭이 높다. 하지만 먼 미래에 인삼 농사가 성공한다면 수익률은 인삼밭이 더 높을 수도 있다.

돈, 즉 자본이란 결국 수익을 좇는 속성이 있다. 이때 배추와 인삼은 모두 경기에 영향을 받는다. 자본의 속성이 적더라도 당장의 수익을 좇을지, 아니면 먼 미래라 하더라도 아주 높은 수익을 좇을지 결정해야 하는데, 이때 가장 큰 영향을 주는 것이 바로 경기라는 변수다.

어떤 수익을 추구할 것인가?

경기가 좋을 때	적더라도 당장의 수익을 좇는다
경기가 나쁠 때	시간이 걸리더라도 높은 수익을 좇는다

경기가 좋다는 것은 자본을 투자했을 때 당장 좋은 수익이 나올 가능성이 높다는 뜻이다. 경제지표로 보자면 경제성장률이

높고 그에 따라 시장금리도 높은 시기다. 또 모든 투자자의 기대 수익률이 높은 상태다. 이때는 어떤 비즈니스를 하더라도 당장 돈 벌기가 쉽다.

이때 자본은 먼 미래보다 당장의 수익을 추구하는 경향이 강해진다. 따라서 경기가 좋을 때는 시장에 배추밭을 사려는 투자자들이 늘어나고, 인삼밭에 비해 상대적으로 배추밭의 가격이 올라간다.

주식시장에서 흔히 이런 자산을 가치주라고 한다. 미래의 엄청난 성장을 기대하기는 어렵지만 당장 주가에 비해 양호한 실적을 올리며 배당을 하는 주식이다. 이런 가치주는 경기가 좋을 때 사려는 사람도 증가해 가격이 비싸지며, 경기에 따라 주가가 움직이기 때문에 '경기 민감주'라고 불린다.

이런 주식은 대체로 주가 수익 비율price earning ratio, PER이 낮다. 그러니까 1주의 영업이익에 비해 주가가 그리 비싸지 않다. 흔히 멀티플(이익 대비 시가총액의 배수)이 낮다고 표현한다. 주택 시장에서 이런 자산은 중저가 아파트다. 사용가치에 비해 상대적으로 주택 가격이 낮은 것이다.

경기가 양호한 시기에는 배추밭이 비싸진다.
주식 중에서는 가치주가 비싸진다.
주택 중에서는 비강남·중저가 아파트가 비싸진다.

반면 경기가 안 좋은 경우 자본을 투여해서 당장에 높은 수익을 거둘 가능성은 적다. 경제지표로 보자면 경제성장률이 낮고 그에 따라 시장금리도 낮은 시기이며, 모든 투자자의 기대 수익률이 떨어진 상태다. 이 경우 시장의 리스크가 커진다. 어떤 비즈니스를 하더라도 수익이 잘 나지 않고 돈 벌기가 어려워지기 때문이다. 이때는 변동성이 낮은 안정 지향적 투자가 늘기 때문에 흔히 말하는 '안전자산'이 비싸지는 경향이 있다. 안전자산이란 수익률은 낮지만 장기간 돈을 잃지 않는 자산을 의미한다.

한편 자본의 속성상 일부 자산은 극단적으로 먼 미래의 아주 높은 수익을 좇는 경향이 커진다. 자본의 투기 성향이 높아지는 것이다. 이 경우 당장은 아니더라도 미래에 큰 수익을 거둘 가능성이 있는 인삼밭을 사려는 투자자가 늘어난다. 따라서 인삼밭의 가격이 올라간다.

> 경기가 나빠지면 먼 미래의 큰 수익을 추구하는 투자자가
> 늘어난다. 따라서 미래 수익이 높은 자산의 가격이 상승한다.

　주식시장에서는 흔히 이런 자산을 '성장주'라고 한다. 당장 큰 수익률을 바라기는 어렵지만 미래에 엄청난 성장이 기대되는 자산이다. 이런 성장주는 경기가 나쁠 때 사려는 사람이 많아 가격이 비싸지며 따라서 상대적으로 경기에 덜 민감하다.

　하지만 금리가 급격히 올라가면 주가가 가장 먼저 영향을 받는다. 성장주라는 것 자체가 저금리를 바탕으로 생긴 것이기 때문이다. 이런 주식은 대체로 주가 수익 비율이 매우 높다. 주택 시장에서 이런 자산은 인기 지역인 강남에 있는 아파트다. 사용 가치에 비해 주택 가격이 상대적으로 너무 높다.

　배추밭은 수확물 대비 가격이 싼 자산을 비유한 것이다. 즉 가격 대비 양호한 수확물을 거두는 자산이다. 인삼밭은 수확물 대비 가격이 비싼 자산을 비유한 것이다. 즉 가격 대비 저조한 수확물을 거두는 자산이다. 이런 자산 시장의 큰 흐름을 이해하지 못한 상태에서 투자를 해선 안 된다.

머니 트레이너의 한마디

본인이 관심 있게 보는 주식이 가치주인지 성장주인지, 그리고 관심을 가지는 주택이 중저가 아파트인지 고가 아파트인지 파악한 후 배운 내용을 접목해 그것들이 언제 비싸지고 싸지는지 따져보라.

전쟁이 일어나도 주가는 그대로? 역발상의 중요성

경제학자들의 경제 전망에는 공통점 하나가 있다. 잘 안 맞는다는 것이다. 학자들의 예상이 자주 빗나가는 이유는 경제 현상을 원론적으로 예측할 수밖에 없기 때문이다. 금리가 올라가면 주가가 하락하고 시중에 달러가 많이 풀리면 달러 가격이 하락한다는 것은 지극히 당연한 논리다.

하지만 시장에서 반드시 그런 결과만 나오지는 않는다. 금리가 올라도 시장이 도리어 금리 인상을 경기회복의 신호로 해석하면 예상과 달리 주가가 상승하기도 한다. 반대로 아무리 금리를 인하해도 주가가 반등하지 않는 경우도 많다.

2008년 금융 위기 이후 엄청난 양의 달러를 시장에 푸는 양적 완화quantitative easing, QE(중앙은행이 경기를 부양하기 위해 국채를 매입하거나 통화를 시장에 푸는 정책) 조치를 취했는데, 이처럼 엄청난 양의 달러가 시장에 풀렸다면 달러값이 떨어져야 맞을 것이다. 그렇지만 원-달러 환율은 사실상 전혀 내려가지 않았다. 달러의 대량 공급에도 오히려 신흥국을 중심으로 달러가 강세를 보이는 아이러니한 현상이 나타난 것이다. 달러의 대량 공급보다 경제 위기라는 공포감이 달러라는 안전자산에 대한 수요를 증가시킨 결과다. 이처럼 경제 상황을 예측하기란 매우 어렵다.

또 다른 이유로는 제조업이 취약한 저개발 국가의 경우 생필품을 외국에서 수입해야 하는데, 달러가 비싸지니 더더욱 달러를 미리 확보해두려는 움직임이 발생하면서 수요가 증가했기 때문이다.

사람들이 경제 상황을 예측하려는 진짜 이유는 무엇일까? 중요한 경제적 판단을 내릴 때 그런 정보가 매우 중요하기 때문이다. 그러니까 결국 자산의 경제적 이익을 추구하기 위한 것이다. 사실 이보다 중요한 게 어디 있겠는가?

그러니 당연히 재테크에서 경제 예측이 매우 중요하다는 사실은 두말할 필요가 없다. 예전에 경제 뉴스를 관심 있게 보지 않던 사람도 주식 투자를 시작한 후로는 자연스레 경제 신문 기사에 주목하게 된다.

그런데 여기서 중요한 것은 각종 미디어를 통해 전해지는 경제 예측이나 뉴스가 그다지 도움을 주지 않는다는 사실이다. 앞서 말했지만 경제 전문가의 분석이나 예측은 지나치게 원론적이며 이런 뉴스는 결과론적 소식이 대부분이기 때문이다. 따라서 이런 뉴스를 기초로 재테크를 한다면 변화무쌍한 경제 현실에서 낭패를 보기 십상이다.

물론 기본적인 정보도 현재 상황을 파악할 수 있다는 데 의의가 있겠지만 경제를 예측하는 통찰력을 높이려면 원론적인 분석 외에도 역발상적 생각을 해보는 것이 중요하다.

경제 현상은 자연과학이 아닌 사회과학의 영역이기 때문에 하나의 법칙에 매몰되기보다 항상 원론과 반대 상황, 즉 반대로 생각해보는 훈련이 통찰력을 높여준다. 어떠한 경우라도 1차원적 생각에 갇히지 말라는 얘기다.

> **회초리 토크**
>
> 뉴스의 경제 전망에 의지해 투자를 결정하지 마라.
> 1차원적 투자 결정은 실패를 불러올 뿐이다.

경제를 바라보는 여러분의 관점이 얼마나 열려 있는지 한번 테스트해보자. 다음 질문에 대해 어떻게 생각하는가?

"만일 전쟁이 난다면 주가에는 어떤 영향이 발생할 것으로 예상하는가?"

필자는 실제로 강연 중 이 질문을 받은 적이 있다. 누구나 살면서 전쟁이란 최악의 상황을 피하고 싶겠지만, 만일 그런 일이 발생한다면 정말 어떻게 될까? 특히 2022년 러시아가 우크라이나를 침공하면서 발발한 전쟁으로 많은 사람이 죽고 수많은 난민이 발생하는 등 참담한 상황이 펼쳐졌기에 전쟁을 다시금 생각해보게 되었을 것이다. 전쟁은 엄청난 재산과 인명 피해를 일으키면서 공포감을 조장한다.

그렇다면 전쟁이란 극단적 상황이 주가에는 어떤 영향을 미칠까? 100% 정확하게 예측하기는 불가능하겠지만, 이 질문에 필자는 이렇게 대답했다.

"전쟁이 나더라도 주가는 떨어지지 않을 것입니다. 물론 제 개인적인 예상입니다."

순간 청중은 의아한 표정을 지었다.

전 세계에서 유일한 분단국가이며 현재 휴전 상태인 우리나라는 전쟁 같은 비상 상황에 분야별로 대응 방안을 갖추고 있다. 물론 주식시장도 마찬가지다. 한국거래소는 특별한 상황이 발생할 경우 미리 준비된 '사업 연속성 계획business continuity plan, BCP'에 따라 거래소 이사장을 위원장으로 하는 비상대책위원회를 소집하고, 정부 및 금융 당국과 협조해 시장 운영 사항에 대해 임시 정시 및 휴장을 결정할 수 있도록 하고 있다.

물론 우리나라를 포함한 세계 각국의 거래소는 '거래의 연속성'을 유지할 의무가 있으나 전쟁 같은 비상시에는 주식 거래를 당장 중단시킬 가능성이 매우 높다. 전쟁 상황에서는 주식시장이 열리지 않기 때문에 주가 하락도 없다는 뜻이다.

다만 전쟁이 끝나고 다시 주식시장이 열리면 그때는 상황이 달라진다. 아마도 산업별로 극명한 차이가 발생하지 않을까? 예를 들어 전후 복구 사업이 더욱 필요해진다면 건설업계는 새로운 부흥기를 맞이할 수도 있다.

예컨대 통일이라도 하게 된다면 어떨까? 아마 대한민국 건설 회사에서 향후 100년 치 일거리를 한꺼번에 수주할 테니 매일같이 상한가를 칠 것이 분명하다.

안 좋은 일이 오히려 또 다른 기회가 되는 게 주식시장이다. 코로나19 팬데믹으로 폭락한 코스피가 이후 지수상으로만 거의 120% 상승한 것처럼 악재가 때로 기회가 되는 경우도 많다.

"전 세계적 팬데믹이 다시 발생한다면 주가는 어떻게 될까?"

우리는 이 질문에 대해 어느 정도 답을 가지고 있다. 이미 경험하고 학습했기 때문이다. 하지만 2020년 3월 이전에 이런 질문을 받았다면 주식시장이 대폭락할 것이라고 100% 확신할지도 모른다.

실제로 코로나19 팬데믹이 시작되면서 기업 활동이 심각하게 위축될 것이라는 공포에 휩싸인 전 세계 주가는 대폭락을 경험했다. 코스피 지수는 2,200대에서 1,458까지 무려 33.7%나 하락했고, 미국의 다우존스 지수는 18,591까지 36.5%나 떨어지는 경이적인 하락 폭을 기록했다. 이때만 해도 경제 전문가들은 한동안 주가가 회복하지 못할 것이라는 L자형 전망과 일정 기간이 지나야만 회복할 거라는 U자형 전망을 내놨다.

하지만 예상과 달리 증시는 2020년 6월 코로나19 팬데믹 이전 상태로 빠르게 복귀하며 V자 반등에 성공했다. 코로나19라는 위기가 오히려 주가 상승의 계기로 작용한 것이다. 위기를 완전히 확인한 순간 시장은 위기 이후 좋아질 경제 상황을 주가에 빠르게 반영했기 때문이다.

팬데믹은 거의 모든 기업의 매출을 감소시킨다. 결국 기업의 미래 현금 흐름이 그만큼 작아진다. 1차원적으로 생각하면 당연히 주가는 폭락에 폭락을 거듭하는 것이 맞다. 그러나 시장이 가장 싫어하는 불확실성이 해소되면 오히려 그걸 호재로 받아들이는 경우가 많다.

불확실성이란 어느 정도 변화할지 도저히 가늠할 수 없는 상태를 말한다. 코로나19 팬데믹 초기에는 시장이 이런 불확실성이란 공포에 휩싸였다. 그런데 불확실성이 영원한 것은 아니다.

주식시장에는 늘 이런 격언이 있다. "확인된 위기는 더 이상 위기가 아니다." 이 말은 주식처럼 기업의 미래 가치를 거래하는 시장에서는 아무리 좋지 않은 악재라도 변동성이 어느 정도 확인되면 거기에 곧 적응한다는 뜻이다. 코로나19로 인한 악재도 시간이 흐르면 예측 가능한 영역에 진입하고, 위기에 적응한 투자자들이 다시 시장으로 돌아와 싸진 주식을 사들인다.

이때 착각하면 안 된다. 주가가 이전 수준으로 회복했다 하더라도 기업의 미래 현금 흐름(예상 수익)이 코로나19 이전 수준으로 회복한 것은 아니다. 기업의 미래 가치는 코로나19 이전보다 더 낮아진 것이 분명하다. 그럼에도 주가가 이전 상태를 회복한 이유는 투자자들이 미래 수익에 대한 기대치를 낮추었기 때문이다.

코로나19 이후 기업의 미래 가치 변화

$$P = \frac{CF}{R-g}$$

→ 기업의 미래 현금 흐름(CF)이 작아짐
→ 기대 수익률(R)이 매우 낮아짐

이는 투자자가 미래에 주어질 보상을 위해 현재의 투자금(현재 주가)을 늘렸다는 말과 같다. 예를 들어 매년 1주당 5달러를 벌 것으로 예상되는 주식 A가 있는데, 주가가 코로나19 이전에는 60달러였다고 하자. 투자자들이 이 주식을 60달러에 샀다는 건 원금 60달러를 투자해 연간 5달러 정도의 주가 상승을 기대한 것이다. 이때 투자자의 기대 수익률은 8.3%다.

코로나19 이전 A 주식에 대한 기대 수익률

$$\text{기대 수익률} = \frac{\text{예상 연간 미래 가치}}{\text{주가}} = \frac{5\text{달러}}{60\text{달러}} = 8.3\%$$

코로나19로 시장이 공포에 휩싸이고 이 기업의 예상 미래 가치가 3달러로 낮아지면서 주가가 폭락하기 시작했으나 이 기업은 단시간에 코로나19 이전 상태인 주가 60달러를 회복한다. 매출 축소로 1주당 3달러밖에 벌지 못하지만, 투자자들이 그럼에도 변동성에 적응하고 8.3%였던 기대 수익률을 5%까지 크게 낮춘 결과다.

코로나19 이후 A주식의 주가가 회복된 이유

$$\text{주가} = \frac{\text{매년 수익 가치}}{\text{기대 수익률}} = \frac{3\text{달러}}{5\%} \quad \begin{array}{l} \rightarrow \text{수익 가치가 낮아졌지만} \\ \rightarrow \text{기대 수익률도 그만큼 낮아지므로} \\ \text{주가가 60달러를 회복함} \end{array}$$

그렇다면 왜 투자자들은 기대 수익률을 쉽게 낮췄을까?

경제 위기란 기업에만 닥치는 것이 아니다. 경제위기는 주식뿐 아니라 안전하다고 여겨지는 은행 예·적금 금리에도 영향을 준다. 낮은 금리로 인해 돈을 벌 미래 가치도 낮아진다는 것이다. 앞서 재테크에서는 모든 것을 상대 가치로 생각해야 한다고 이야기했다. 과거와 동일한 이자를 받으려면 더 많은 원금을 예금해야만 하는 상황에 놓인 것이다.

즉 과거와 동일한 보상을 받으려면 더 많은 원금을 내야 하는 것은 주식이나 예·적금이나 마찬가지다. 사업을 한다 해도 상황은 같다. 지금 어떤 사업을 벌여도 초저성장을 피해 가기는 어렵다. 이처럼 저금리와 저성장으로 대표되는 경제 위기는 모든 자산에 영향을 미친다.

예금이든 사업이든 주식이든 기대 수익률이 낮아진 현상은 현재의 투자자들이 이런 상황을 그대로 인정하고 받아들인 것이라고 볼 수 있다. 다시 말해 주가는 기업 펀더멘털fundamental (기초 체력)이 좋아져서 회복한 것이 아니라, 기대치는 낮아지고 현재 비용이 높아져서 회복했다고 해석하는 게 합당할 것이다.

주가는 지금이 아닌 미래의 기대감에 따라 상승한다는 특징이 있다. 따라서 엄청난 위기가 발생할 경우 주가가 하락하기도 하지만 시간이 흐르고 그 위기에 적응하면 시장은 오히려 불확실성이 제거되었다고 판단해 미래에 대해서 새로운 기대를 갖게 된다. 기대감이야말로 미래 자산 가격을 결정짓는 가장 큰 요소인 것이다. 사람들의 기대감을 읽는 힘이 바로 경제를 읽는 힘이다. 아이러니하게도 이런 기대감은 엄청나게 큰 악재가 있은 직후 크게 형성되는 경우가 많다.

머니 트레이너의 한마디

경제 현상은 아이러니의 결과물이다. 어떤 분야에서든 1차원적이고 원론적인 생각에서 벗어나 역발상을 해보는 습관이 통찰력을 키우는 지름길이다.

아는 맛이 더 맛있다!
안전자산이 각광받는 이유

대한민국은 '맛집 공화국'이라고 해도 과언이 아니다. 과거에 비해 맛집을 찾는 데 많은 노력을 기울이고 진짜 맛집이라 소문난 곳에 많은 시간과 돈을 쓰기를 주저하지 않기 때문이다. 누구나 한 번쯤 우연히 간 식당에서 형편없는 맛 때문에 외식을 망친 경험이 있을 것이다. 사람들은 이런 위험을 피하고자 한다. 한 번의 외식, 그 소중한 시간을 망치고 싶지 않은 것이다.

이 말은 어느 정도 맛이 보장된다면 큰 대가를 치를 용의가 있다는 뜻이다. 그러니까 맛집의 음식 가격에는 그 명성 때문에 지불하는 추가 비용도 포함되어 있다. 사람들은 그것을 지불하기를 주저하지 않는다. 이는 맛집에 대해서는 사람들의 요구 수익률이 의외로 낮다는 사실을 보여준다.

요구 수익률과 현금 흐름

요구 수익률	투자자가 자금의 투자에 대해 요구하는 최소한의 수익률 (기대 수익률과 같은 개념)
현금 흐름	투자에서 발생하는 현금의 움직임, 즉 자산에서 발생하는 1년간의 이익

여기서 '요구 수익률이 낮다'는 말은 주어지는 보상을 위해 큰 대가를 지불할 용의가 있다는 뜻이다. 사실 맛집이라고 소문 난 집도 막상 가보면 기대에 못 미치는 경우가 많다. 다만 맛집 이라면 최소한 외식을 망칠 정도로 형편없는 수준은 절대 아니 다. 다시 말해 평균 이상의 맛은 보장한다. 결국 아래의 공식으 로 해석할 수 있다.

회초리 토크

맛집 선호 = 안전자산 선호

결국 맛집은 맛의 절대 수준이 높다기보다 맛의 안정성(불변 성)을 제공하는 곳이라고 볼 수 있다. 맛집을 찾는 이유 역시 최 악을 모면하기 위한 선택인 것이다. 최악을 피할 수 있다는 보 증이 있다면 사람들은 음식 가격이 비싸더라도 기꺼이 그 비용 을 지불한다. 이는 마치 초저성장 시대에 안전자산을 선호하는 심리와 같다.

아파트값을 예로 들어보자. 아파트라는 자산에서 나오는 현금 흐름이 원금에 비해 크지 않더라도 그것이 안정적(불변성)이라면, 사람들은 기꺼이 비싼 값을 지불한다.

여기서 '안정적'이란 말은 당장 가격 대비 높은 수익률을 주는 것은 아니어도 그 현금 흐름이 절대 변함없으리라고 예상되는 속성을 말한다. 결국 특정한 식당만 붐비게 되는 맛집 선호 현상과 같은 안전 추구 심리는 지난 수년간 아파트 시장에도 나타나 초고가 아파트를 탄생시켰다.

언뜻 이해가 안 될 수도 있으니 구체적으로 설명해보겠다. 실제로 대한민국에는 2019년 최초로 평당(3.3㎡) 가격이 1억 원 넘는 아파트가 출현했다. 지금은 그 34평형 아파트 한 채가 45억 원을 넘는 신고가를 기록했으니 평당 1억 3,000만 원을 상회하는 가격이다. 한강이 내려다보이는 강남 A아파트는 공급면적 114㎡(34평)가 46억 6,000만 원에 거래되었고, 최고 월세는 보증금 4억 5,000만 원에 월 600만 원이다(2022년 3월 기준). 그렇다면 A아파트에 투자한 사람의 요구 수익률은 얼마일까?

우선 보증금 4억 5,000만 원에 매월 600만 원의 월세를 받으면 연간 현금 흐름은 8,325만 원이다. 하지만 이것이 모두 순소득은 아니다. 재산세와 종부세라는 세금을 내야 하기 때문이다. 평균 보유세인 2,000만 원을 빼고 나면 이 아파트의 현금 흐름은 다음과 같다.

강남 한강변 A아파트의 연간 현금 흐름

월세 600만 원 × 12개월	+ 7,200만 원
보증금 4억 5,000만 원 × 전·월세 전환율 2.5%	+ 1,125만 원
보유세 평균	- 2,000만 원
연간 현금 흐름 6,325만 원	

　이는 최대 연간 6,325만 원의 소득이 발생하는 자산을 46억 6,000만 원에 살고 있다는 뜻이다. 그렇다면 이 아파트에 대한 투자자의 요구 수익률은 1.35%다. 사실 이 정도의 요구 수익률은 은행예금 금리보다도 낮은 수준인데, 한강 뷰의 강남 신축 아파트가 예금 금리보다 더 안전한 자산이라고 시장이 평가하고 있다는 증거일까? 상식으로는 선뜻 이해가 되지 않는다. 그야말로 상식 밖의 일이다.

　경제성장률이 5%를 넘던 시대에는 가장 안전한 은행 금리보다 요구 수익률이 낮은 아파트는 없었다. 하지만 극심한 경기 침체와 낮은 성장률 탓에 상식을 깨는 일이 발생한 것이다.

　금리 인상기가 도래해도 언제 또 불확실한 경기가 찾아와서 금리가 떨어질지 모를 일이다. 예금 금리가 떨어져 이자까지 덩달아 줄어들지언정, 대한민국 최고 부자들이 살고 싶어 하는 아파트라면 미래에도 월세 수준이 오히려 더 올라가리라고 기대할 것이다.

미래 기대감이 높은 자산이면 현재 수익률이 낮아도 감내한다.

   만일 미래에 이 아파트의 월세가 더 올라가리라는 기대감이 있다면 그 기대 때문에 현재의 낮은 수익률을 감내하는 것이다. 그 기대감의 정체는 바로 성장률(g)이다. 성장률이 높으면 낮은 수익률은 얼마든지 용인된다.

   이처럼 상식을 파괴할 정도로 낮은 요구 수익률의 자산이 우리나라에만 존재하는 것은 아니다. 4차산업의 핵심인 인공지능, 사물인터넷, 빅데이터 기술과 융합해 가장 빨리 상업화될 것으로 주목받는 전기차 시장을 주도하는 미국 테슬라의 주가는 그 야말로 거침없는 상승세를 이어왔다.

   테슬라는 불확실한 투자시장에서 미래에도 반드시 살아남을 기업으로 여겨지면서 사람들에게 아무리 비싸도 사놓아야 하는 주식으로 인식되었다. 테슬라의 현재 주가는 무려 1004.29달러다(2022년 4월 기준). 한화로는 1주 가격이 약 123만 원에 달한다. 반면 테슬라의 현금 흐름은 매우 적다. 테슬라는 주주들에게 배당을 거의 하지 않기 때문에 연간 1주로 벌어들이는 수익을 현금 흐름으로 생각해야 한다(물론 주주들이 이 수익을 받는 것은 아니다). 테슬라의 주당 순이익earning per share, EPS은 1년에 고작 5달러 수준으로, 공식에 따르면 현재 투자자들의 테슬라에 대한 요구 수익률은 0.49%다.

테슬라에 대한 투자자들의 요구 수익률

$$\frac{5달러}{1004.29달러} = 0.49\%$$

미래의 기대감 있는 자산에 대한 쏠림 현상은 이처럼 상상을 초월한다. 이 정도면 안전 지향적 투자가 아이러니하게도 가장 투기적인 투자가 아닐까 하는 생각이 들 정도다. 초고가 아파트의 등장과 맛집 열풍, 이 모든 현상은 향후 우리가 맞이할 미래 자산 가격에 대한 통찰을 제공한다.

머니 트레이너의 한마디

유명 셰프가 만든 요리를 먹기 위해 몇 시간씩 줄을 서서 비싼 가격을 지불하는 이유는 사람들이 그 요리에 대한 요구 수익률을 극도로 낮춘 결과다. 이 말이 이해되지 않는다면 앞 꼭지를 다시 읽어라.

투자하기 전 꼭 알아야 할
성장자산과 가치자산

앞서 미래에 예상되는 현금 흐름을 투자자들의 요구 수익률로 할인한 것이 현재 자산 가격을 결정한다고 말했다. 그러니까 요구 수익률이 낮아지면 자산 가격은 현금 흐름의 크기에 비해 자꾸만 비싸지고, 반대로 요구 수익률이 높아지면 현금 흐름에 비해 자산 가격이 싸진다.

여기서 요구 수익률이란 기본적으로 예금 금리에 가장 큰 영향을 받는다. 시중 금리가 높으면 모든 투자자의 요구 수익률이 높아지기 때문이다. 반면 은행예금 금리가 낮아지면 투자자들의 요구 수익률도 낮아진다.

은행예금 상품에 가입한 고객을 만나보았다. 은행에 예금하면서 바라는 수익률이 얼마인지 물었더니 고객은 당연히 은행

이자율 수준인 2.5% 정도라고 답했다. 고객이 예금 상품에 기대하는 수익률이 2.5%인 것이다.

만일 2.5%보다 훨씬 높은 수익률을 기대한다면 고객은 절대로 은행을 찾지 않을 것이다. 대신 증권회사로 발걸음을 옮길 것이다. 그럼 증권회사에서 주식을 사려는 투자자의 기대 수익률은 얼마나 될까?

정확히는 몰라도 최소한 은행예금 이자율보다 높을 것이 확실하다. 위험을 감수하면서 주식에 투자하는데 은행예금 이자율인 2.5%보다 낮은 기대와 요구를 할 리는 절대 없기 때문이다. 즉 위험을 감수한 대가를 더 요구하는 것이 당연하다.

만일 요구 수익률이 2.5%라면 안전한 은행예금을 찾지 굳이 변동성 높은 주식은 하지 않을 것이다. 따라서 은행예금 수준이 높아지면 모든 투자자는 최소한의 기대치, 곧 요구 수익률을 높인다. 사람들이 기대 수익률을 높이거나 낮추는 데는 나름의 이유가 있다. 미래에 대한 기대감에 따라 달라지는 것이다.

회초리 토크

기대감이 높은 자산 = 낮은 요구 수익률

요컨대 당장은 아니더라도 미래에 그 자산에서 나오는 현금 흐름이 폭발적으로 크게 성장할 것이라고 기대한다는 뜻이다.

따라서 기대감이란 곧 성장률이다.

앞서 언급한 강남 아파트와 테슬라 같은 자산은 현재 그 자산에서 나오는 현금 흐름에 비해 가격이 매우 비싸다. 그 말인즉 당장 수익률이 좋지는 않다는 뜻이다.

현재의 비싼 자산 가격은 투자 원금(자산 가격) 대비 수익률이 좋아서가 아니라 미래 성장 가능성(기대감)에 투자했다는 뜻이다. 이런 자산을 성장자산이라고 부른다.

성장자산과 가치자산

성장자산	수익 대비 가격은 비싸지만(곧 수익률은 낮지만) 미래에 크게 성장하리라 기대하고 투자하는 자산
가치자산	수익 대비 가격은 싸지만(곧 수익률은 좋지만) 미래의 큰 성장보다는 당장의 수익성을 보고 투자하는 자산

코스피 상장 기업 중 대표적 성장자산인 삼성바이오로직스와 대표적 가치자산인 삼성카드를 비교해보자. 우선 2022년 4월 말 기준 삼성바이오로직스의 주가는 83만 8,000원이다.

삼성바이오로직스 주가 예시

삼성바이오로직스					83만 8,000
거래증권사 설정으로 편리한 주식 주문					주문
종합	토론	뉴스·공시	시세	재무	리서치
전일	83만 5,000	시가			82만 7,000
고가	83만 9,000	저가			82만 7,000
거래량	6만 4,264	대금			53,752백만
시가총액	59조 6,483억	외인 소진율			10.33%
52주 최고 원주가 기준	103만 4,746 104만 7,000	52주 최저 원주가 기준			68만 4,889 69만 3,000
PER	142.57배	EPS			5,878원
추정 PER	113.72배	추정 EPS			7,369원
PBR	11.24배	BPS			7만 4,537원
배당 수익률	N/A	주당 배당금			N/A

주가	83만 8,000원
EPS	7,369원

이 주식은 현재 배당이 없으므로 당장 투자자에게 돈이 나오는 현금 흐름은 없다. 따라서 매년 1주가 평균적으로 벌어들이는 이익인 주당 순이익(EPS)으로 현금 흐름을 추정할 수밖에 없다. 현재 주당 순이익은 추정치로 7,369원이다. 1년에 1주가 벌

어들이는 이익이 7,369원이란 뜻이다.

그런데 현재 주가는 무려 83만 8,000원이다. 주당 수익 비율이 무려 113.72배인 것이다. 1년간 벌어들이는 주당 순이익의 113배가 현재 주가다. 1년에 수익이 1만 원도 안 나는 주식이 이렇게 비싼 이유는 무엇일까? 바로 바이오주라는 특성상 앞으로 순이익이 매우 상승할 것이란 기대감이 주가에 반영되어 있기 때문이다.

당장의 현금 흐름 수익이 아니라 엄청난 성장을 기대하는 투자자들의 기대감이 현재의 주가를 만든 것이라고 볼 수 있다. 현재 수익 대비 기대 수익률은 0.87%에 불과하다. 이런 자산이 바로 성장자산이다.

삼성바이오로직스의 기대 수익률

$$\frac{7,369원}{83만\ 8,000원} = 0.87\%$$

다음은 바로 삼성카드다.

삼성카드 주가 예시

삼성카드					33,450
거래증권사 설정으로 편리한 주식 주문					주문
종합	토론	뉴스·공시	시세	재무	리서치
전일		3만 3,400	시가		3만 3,400
고가		3만 3,500	저가		3만 3,150
거래량		8만 3,102	대금		2,772백만
시가총액		3조 8,755억	외인 소진율		7.31%
52주 최고		3만 5,950	52주 최저		2만 9,750
PER		7.03배	EPS		4,756원
추정 PER		6.96배	추정 EPS		4,808원
PBR		0.48배	BPS		7만 408원
배당 수익률		6.88%	주당 배당금		2,300원

주가	3만 3,450원
EPS	4,808원

　이 주식은 현재 배당을 꾸준히 해주고 있다. 따라서 매년 똑같은 금액은 아니어도 배당금이 현금 흐름이라고 볼 수 있다. 하지만 배당금도 결국은 주당 순이익 내에서 해주는 것인 만큼, 동일한 비교를 위해 주당 순이익을 현금 흐름으로 추정해보자. 결국 1년 동안 1주당 4,808원을 벌어서 그중 2,300원을 배당했

다고 볼 수 있다. 그러나 주가는 고작 3만 3,450원으로, 주가 수익 비율이 6.96배에 그친다. 벌어들이는 순이익 규모에 비해 주식이 엄청나게 싸다는 뜻이다. 그 이유는 무엇일까?

카드사의 이익은 앞으로 폭발적으로 성장할 가능성이 별로 없다. 경기가 좋아지면 소비가 늘면서 실적이 상승하고, 경기가 나빠지면 소비가 줄면서 수익이 하락하는 게 경기 민감주다. 반면 카드사 주식은 사업의 폭발적인 성장성은 적지만 꾸준히 수익을 만들어낼 수 있는 전형적인 가치주다. 투자자들은 이 주식의 미래 기대감이나 성장 가능성이 높다고 보지 않기에 수익에 비해 주가가 매우 싼 것처럼 여긴다. 이 주식의 기대 수익률은 무려 14.3%다. 이런 주식이 바로 당장의 실적과 현금 흐름의 수익률에 기초해 주가가 형성되는 가치자산이다.

삼성카드의 기대 수익률

$$\frac{4{,}808원}{3만\ 3{,}450원} = 14.3\%$$

성장자산과 가치자산은 부동산에도 존재한다. 서울 초고가 아파트와 초저가 아파트를 비교해보자. 먼저 초고가 A아파트다.

초고가 A아파트의 매매 가격 추이

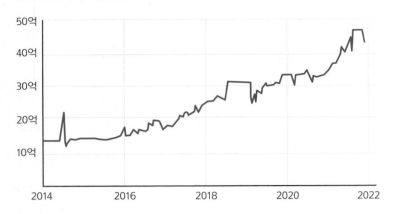

초고가 A아파트의 전·월세 가격 추이

계약일	가격	타입	층
2022. 4. 26	15억 7,500만 원	114C	6층
2022. 4. 21	12억/121만 원	112A	16층
2022. 4. 20	15억/150만 원	112A	10층
2022. 4. 9	23억 원	112A	12층
2022. 4. 4	15억/250만 원	112B	8층
2022. 3. 24	4억 5,000만/600만 원	112A	10층
2022. 3. 7	5억/470만 원	114C	13층
2022. 2. 28	15억 2,250만 원	112A	14층
2022. 2. 26	15억/100만 원	112B	1층

2022. 2. 21	21억 5,000만 원	112A	18층
2022. 2. 19	18억 5,000만 원	112A	3층
2022. 2. 16	17억 2,000만 원	112B	13층
2022. 2. 14	15억/120만 원	112A	4층
2022. 2. 9	15억 9,600만 원	112B	23층
2022. 1. 29	19억/50만 원	112B	3층
2022. 1. 27	23억 원	112A	7층

이 아파트의 현금 흐름은 다른 사람에게 전·월세를 주었을 때 소유자에게 발생하는 수익으로 알아보면 된다. 바로 전·월세 평균 금액으로 현금 흐름을 추정하는 것이다. 최근 전·월세 최고가액은 보증금 5억 원에 월세 470만 원이다. 그렇다면 1년간 현금 흐름은 약 4,890만 원이다.

초고가 A아파트의 현금 흐름

월세 470만 원 × 12개월	+ 5,640만 원
보증금 5억 원 × 전·월세 전환율 2.5%	+ 1,250만 원
평균 보유세	- 2,000만 원
	연간 현금 흐름 4,890만 원

현재 집값이 43억 1,000만 원이므로 주식처럼 주가 대비 수

익 비율을 따져보면 88배다. 즉 1년에 발생하는 수익의 88배가 현재 집값이란 뜻이다. 따라서 수익률 측면에서 높은 편은 아니다. 수익 대비 집값을 보면 기대 수익률은 1.13%에 불과하다. 이 아파트는 현재 수익 가치보다 성장 가능성에 기초해 가격이 형성된 전형적인 성장자산이다.

초고가 A아파트의 기대 수익률

$$\frac{4,890만 원}{43억 1,000만 원} = 1.13\%$$

다음은 서울 초저가 H아파트다.

초저가 H아파트의 매매 가격 추이

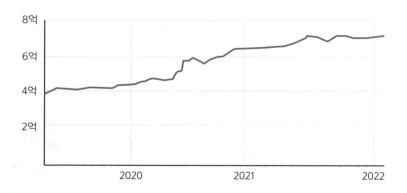

초저가 H아파트의 전·월세 가격 추이

계약일	가격	타입	층
2022. 4. 25	4억 1,500만 원	102A/B/C	7층
2022. 4. 16	2억 9,900만 원	102A/B/C	9층
2022. 4. 15	4억 4,000만 원	102A/B/C	4층
2022. 4. 12	4억 원	102A/B/C	4층
2022. 4. 8	4억 6,000만 원	102A/B/C	8층
2022. 4. 6	5,000만/120만 원	102A/B/C	5층
2022. 4. 6	2억 7,000만 원	102A/B/C	7층
2022. 4. 4	4,900만/100만 원	102A/B/C	5층
2022. 4. 2	2억 8,300만 원	102A/B/C	3층
2022. 3. 28	2억 9,925만 원	102A/B/C	5층
2022. 3. 26	2억 9,400만 원	102A/B/C	11층
2022. 3. 21	2억 8,000만 원	102A/B/C	1층
2022. 3. 21	2억 8,000만 원	102A/B/C	1층
2022. 3. 19	5,000만/77만 원	102A/B/C	6층
2022. 3. 19	2억 8,300만 원	102A/B/C	2층

이 아파트의 최근 전·월세 최고가액은 보증금 5,000만 원에 월세 120만 원이다. 그렇다면 1년간 현금 흐름은 약 1,485만 원이다.

초저가 H아파트의 현금 흐름

월세 120만 원 × 12개월	+ 1,440만 원
보증금 5,000만 원 × 전·월세 전환율 2.5%	+ 125만 원
평균 보유세	- 80만 원
	연간 현금 흐름 1,485만 원

현재 집값이 7억 1,000만 원이므로 주식처럼 주가 대비 수익 비율을 따져보면 47.8배다. 그러니까 1년에 발생하는 수익의 48배가 현재 집값이란 뜻이다. 따라서 수익률은 초고가 아파트보다 높다. 수익 대비 집값을 보면 기대 수익률은 2.09%다. 이 아파트는 성장 기대감보다는 당장의 수익 가치(사용가치 대비 저렴)에 기초해 가격이 형성된 전형적인 가치자산인 것이다.

초저가 H아파트의 기대 수익률

$$\frac{1,485만 원}{7억 1,000만 원} = 2.09\%$$

재미있는 사실 하나를 언급하자면, 같은 서울의 30평형대 아파트임에도 가격이 무려 6.1배나 차이 난다. 그리고 집값이 6배 비싼데 세금은 무려 25배나 많다. 그렇다면 그 이유는 무엇일까? 그리고 우리는 왜 자산시장에서 성장자산과 가치자산을 구분해야만 할까?

이는 경제 상황을 보여주는 경기라는 것이 마치 밤과 낮, 여름과 겨울 그리고 밀물과 썰물처럼 계절이 바뀌고 순환하듯이 계속 번갈아 반복되는 사이클을 갖기 때문이다. 그리고 이 사이클의 변동에 따라서 성장자산과 가치자산의 가격이 다르게 반응한다. 이 세상 모든 것은 이치가 그렇듯 좋은 때가 있으면 그렇지 않은 때가 반드시 있기 마련이다.

이때 개별 자산의 특징에 따라 가격이 움직이기도 하지만, 그전에 농사꾼이 지금 콩을 심어야 좋을 시기인지 팥을 심어야 좋은 시기인지 판단하듯, 어부가 지금의 물때에는 어디에 그물을 쳐야 물고기를 낚을 수 있는지 가늠하듯 큰 흐름에서 어떤 자산 가격이 높아지고 낮아지는지를 알아야 한다.

앞서 언급한 것처럼 성장자산은 대체로 경기가 하락할 것으로 예상되는 시기 또는 실제 경기 하락기에 가격이 주로 상승하거나 유지되고, 가치자산은 경기가 상승할 것으로 예상되는 시기 또는 실제 상승기에 가격이 주로 상승한다. 이 부분을 꼭 기억하고 재테크를 해야만 한다.

성장자산·가치자산과 경기의 관계

성장자산	경기 하락이 예상되는 시기에 주로 상승
가치자산	경기 상승이 예상되는 시기에 주로 상승

반드시 그런 것은 아니지만 대체로 시장에서는 성장자산과 가치자산이 번갈아 상승한다. 성장자산은 시장에서 경기 개선 심리가 약해지거나 경기가 하강할 때 상대적으로 더 올라가고, 가치자산은 경기 개선 심리가 강해질 때 상승하는 경향이 있다. 앞서 설명한 배추밭과 인삼밭의 비유와 같은 맥락이다.

머니 트레이너의 한마디

돈은 태평성대에는 탐욕 때문에 위험 자산으로 움직이고, 세상이 불안해지면 다시금 안전 자산으로 피신한다. 그 움직임을 포착하는 혜안이 중요하다.

당신이 잘못 알고 있는
재테크 상식 6가지

재테크에서 잘못된 상식은 독과 같다. 누구에게나 언제 어떤 상황에서든 모두 적용되는 진리나 법칙은 재테크에 결코 없다. 그런데도 상식이라는 허울을 쓰고 모든 경우를 일반화하는 잘못된 상식이 너무 많다. 이런 잘못된 상식만 잘 피해도 재테크에서 황당한 실패를 면할 수 있을 것이다. 우리가 잘못 알고 있는 것들에 무엇이 있는지 확인해보자.

① 주식에 장기 투자하면 반드시 오른다?

앞서 코스피 주요 종목 10개의 10년 장기 투자 결과를 살펴보았다. 의외로 오른 종목은 4개뿐이고 6개가 하락했다. 하지만 10년이란 세월 동안 화폐가치가 하락한 것을 감안하면 실질적으로 삼성전자와 네이버를 제외하면 모두 큰 폭으로 하락한 것과 다름없다. 시가총액 순으로 상위 100개를 살펴봐도 하락한 주식이 더 많다(107쪽 참고).

그래서 주식 초보자들은 분산 투자라는 방법을 통해 위험을 낮추고, 지수를 추종하는 ETF에 투자하는 요즘의 유행을 따르기도 한다. 그럼 시장의 평균을 추종하는 지수에 장기 투자하면 괜찮은 걸까?

안타깝게도 장기 투자의 가장 큰 적은 화폐가치의 하락, 즉 인플레이션이다. 가장 대표적인 주식시장의 평균 지수인 코스피는 지난 10년간 36.8% 상승했다. 이는 연간 3.2% 정도 상승한 수치다. 그러니까 매일 주식을 들여다보고 신경 쓰고 고민하고, 때로는 웃고 때로는 마음 졸이며 10년 동안 투자했는데 연간 수익률이 고작 4%도 안 된다는 뜻이다.

우리나라 소비자 물가지수는 6.3%(2022년 7월), 미국은 소비자 물가지수 9.1%를 기록했다(2022년 6월). 그야말로 지금 우리는 인플레이션의 시대에 살고 있는 것이다. 게다가 2009년 3월 최저점을 기준으로 2022년 2월까지 전국 집값은 무려 74%가 상승해 매년 6%에 가까운 상승률을 보였다.

그러니까 결국 모든 것이 평균 4~5% 이상은 상승한다. 이처럼 인플레이션은 돈 가치를 무섭게 갉아먹는다. 인플레이션 5%란 말은 올해에는 100만 원으로 살 수 있는 물건을 내년에는 105만 원을 줘야 구입할 수 있다는 뜻이다. 또 내후년에는 110만 2,500원을 줘야만 살 수 있다.

인플레이션 5%가 어떤 수준인지 감이 잘 오지 않는다면 이렇게 생각해보라. 2만 원에 시켜 먹던 치킨이 2만 1,000원이 된 셈이다. 이 이야기를 들었는데도 그 정도는 더 주고 먹어도 큰 문제 없다고 생각할 수도 있다.

그렇다면 이건 어떤가? 월급 300만 원을 받는 사람이 갑자기 285만 원 받게 되는 것이다. 하루아침에 임금이 삭감된 셈이다. 이제 감이 좀 오는가?

그러니까 바로 인플레이션 3%인 지금 시대에 코스피는 10년 투자해서 겨우 본전을 기록했다는 말이다. 10년 전 100만 원을 투자했다면 지금 136.8만 원이다. 오늘의 136.8만 원은 10년 전 가치로 보면 102만 원이다.

오른 것이 절대 아니란 뜻이다. 인플레이션이 3%라면 오늘 100만 원을 투자해 10년 후 136.8만 원이 되어도 지금 가치로 생각하면 102만 원에 불과하다.

인플레이션이 3%일 때 100만 원 투자의 가치

$$\frac{10년 후 가치}{(1+3\%)^{10}} = \frac{136.8만\ 원}{1,343} = 102만\ 원$$

장기 투자란 말은 당신이 주식을 사주길 바라는 증권사나 시장이 당신에게 불어넣은 마법과도 같은 세뇌일 수 있다. 주식시장이 하락으로 몸살을 앓고 있을 때도, 투자자들이 다 팔고 나갈 때도, 여전히 당신을 주식시장에 머무르게 한 유혹이 무엇이었는지 잘 생각해보라. 바로 "기다리면 오른다" "꼭 다시 상승할 때가 있다" 같은 장기 투자의 유혹이었을 것이다.

주식은 무조건 기다린다고 우상향하는 것이 아니라 끝없는 파동이다. 파도가 치는 것과 같다. 밀물이 있으면 썰물이 있고 썰물 후에는 또다시 밀물이 몰려온다. 그러나 아무리 시간이 지나도 밀물이 불어나 땅을 뒤덮는 일은 없다. 그냥 밀물과 썰물이 끝없이 반복될 뿐이다.

아무리 기다려도 밀물이 땅으로 흘러넘치는 일은 없듯 장기 투자를 한다고 모든 주가가 상승하는 것이 아님을 꼭 명심하기 바란다. 특히 하루 중 대부분을 직장과 생업에 종사하면서 기본적인 지식과 경험이 부족한 주식 초보자들은 더더욱 그렇다.

만일 당신에게 내부 정보가 있어서 주가를 조정할 수 있거나 신의 능력으로 미래를 내다보는 혜안이 있어서 오를 주식만 찾아낼 수 있다면 몰라도 그렇지 않다면 무작정 주식을 사고 장을 담그듯 묻어두는 장기 투자는 자살행위와 같다.

주식시장은 몇 번 성공의 기쁨을 선사해줄 수 있을지 모르지만 오랜 기간 투자하면 반드시 크게 손실을 볼 날이 오고 만다.

"10년 투자할 기업이 아니면 단 10분도 투자하지 마라"라는 워런 버핏의 명언을 꼭 기억해야 한다. 이 말은 10년 투자해도 좋을 우량 기업인지 아닌지 모르겠다면, 즉 확신이 없다면 10분 안에 당장 팔라는 말이다.

그렇다면 어떻게 투자해야 할까? 결론은 매우 단순하다. 밀물 때 주식을 가지고 있고 썰물 때 주식을 가지고 있지 않으면 된다. 물론 쉽지 않겠지만 이렇게 하기 위해 노력해야 한다. 주식시장에서 주식을 팔아 현금으로 바꿔놓는 것도 투자다. 현금이란 종목이 있는 것이다. 진정한 장기 투자란 오랫동안 주식시장에 관심을 기울이면서 머무는 것이지 특정 주식을 오랫동안 보유하는 것이 아니다.

먼바다에 나가 거친 파도와 싸우며 물고기를 잡는 어부도 태풍이 오고 날씨가 궂으면 항구에 정박해 쉰다. 그와 같이 투자를 쉬는 것도 투자다. 명심할 점은 어부는 쉬는 시간에 망가진 그물을 꿰매고 다음 출항을 준비한다는 것이다.

그런데 언제 오르고 언제 떨어지는지, 언제가 밀물이고 언제가 썰물인지 그걸 어떻게 알 수 있을까? 머릿속에 이런 의문이 떠올랐다면 그 답을 몰라서 장기로 주식을 보유한다는 소리일 텐데, 그러면 반드시 실패한다. 시장을 공부한다는 것은 언제 사람들이 주식에 관심을 갖고 사려 하는지, 또 언제 팔고 나가려 하는지 알아내는 것이다. 그 흐름을 알아내려면 경기의 순환을 이해해야 한다.

물론 기업의 고유한 정보, 즉 그 기업만의 이익 증가 이슈가 있다면 경기와 무관하게 주가가 움직이는 경우도 있다. 그러나 이런 정보를 남들보다 더 빨리 알아낼 수 있을까? 코로나19 팬데믹으로 마스크를 만드는 회사나 진단 키트를 만드는 회사의 주가가 폭등할 것이라는 사실을 예측할 수 있었을까? 절대 그렇지 않다.

따라서 이런 경우를 제외하고 주식시장에 가장 큰 영향을 미치는 것은 경기 순환이다. 지금이 주식시장에 머물며 투자를 해야 할 때인지, 아니면 현금으로 바꿔놓고 잠시 쉬어야 할 시기인지 아는 것이 정말 중요하다는 말이다.

투자를 쉬며 시장을 지켜보는 사람은 정말 주식이 떨어졌을 때 저가 매수를 해서 미래의 수익 가능성을 높이지만, 무작정 장기 투자를 한다면서 조정장에도 주식을 들고만 있는 사람은 계속되는 마이너스 수익률에 발이 묶여 끝없는 물타기만 할 뿐이다. 그야말로 기약 없는 비자발적 장기 투자의 늪에 빠져드는 것이다.

뻔히 보이는 조정 국면에서 시장을 이기겠다고 달려드는 건 작은 파도도 올라타지 못하는 초보 실력의 서퍼가 집채만 한 큰 파도에 객기로 덤벼드는 모양새다. 필자는 조정 이후 얼마 지나지 않아 현금으로 갈아타고 1년 정도 주식 투자를 쉬었다. 행운도 물론 따랐겠지만, 그때부터 2022년 상반기까지 계속된 주가 조정을 피할 수 있었다.

홍수로 다른 집들이 떠내려갈 때 높은 곳에서 비 구경을 하며 커피를 마시는 기분이었달까? 주식 투자를 할 때는 무작정 장기 투자를 할 게 아니라 때를 보고 사고팔 시기를 판단하는 능력을 키우는 것이 더욱 중요하다. 그러려면 먼저 경기의 변동을 관찰하는 힘을 키워야 한다.

② 경기에 상관없이 좋은 종목은 반드시 상승한다?

주식은 지금의 기업 상황이 아니라 미래 상황을 선반영하는 것이다. 다시 말해 지금 경기가 좋다면 역설적으로 주식을 팔 시기가 다가온다는 뜻이고 지금 경기가 바닥을 치고 있다면 주식을 사야 할 시기를 고민해야만 하는 것이다. 그런데 여기서 명심해야 할 사실은 경기가 좋다는 것과 경기 개선 심리가 높다는 것은 다른 말이라는 점이다.

즉 경기가 좋다는 것은 지금 상황이 좋다는 뜻이고, 경기 개선 심리가 높다는 것은 지금은 별로 좋지 않지만 앞으로 좋아지리라 기대한다는 뜻이다. 주식은 보통 경기가 좋다고 오르는 것이 아니고, 앞으로 좋아질 것 같다는 심리가 시장에 팽배해질 때 오른다.

한편, 우리나라 경제는 수출이 차지하는 비중이 매우 크기 때문에 경기가 해외 경제 상황에 큰 영향을 받는다. 따라서 통화 정책도 미국에 큰 영향을 받는다고 할 수 있다.

아래 그림은 경기 순환의 큰 사이클을 보기 위해 1995년부터 현재까지 코스피 지수의 흐름과 미국의 기준금리 인상·인하 그 래프를 같은 시기에 맞춰 비교해본 것이다.

1990년대 이후 미국 기준금리 변화(위)와 코스피 지수 변화(아래)

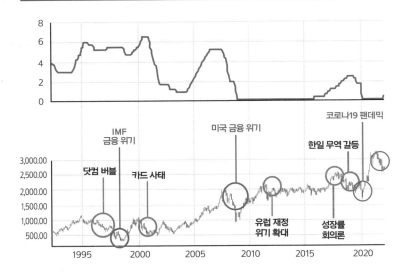

미국은 지난 30년간 급격한 금리 인상을 네 차례 실시했다. 경기가 좋지 않아 급격하게 낮춘 금리를 가파르게 올리며 돈을 풀던 완화적 통화정책에서 다시 돈줄을 조이는 긴축적 통화정 책으로 전환하는 것을 출구 전략이라고 한다. 이런 경우는 보통 경기가 좋아질 것을 미리 반영해 금리를 올리는 것이다. 따라서 미국의 기준금리 인상은 대체로 경기 반등 신호로 여겨진다.

하지만 금리를 올리는 시기가 곧 경기가 좋은 시기라고는 분명하게 말할 수 없다. 우리는 흔히 금리 인상이 주식시장에 좋지 않은 영향을 준다고 알고 있는데, 좀 더 장기적 관점에서 살펴보면 미국 금리 인상 초기에는 상황에 따라 코스피가 크게 상승했음을 알 수 있다.

미국 금리 인상 시기의 코스피 변화

시기	미국 금리 변화	코스피
1994~1995년	3% → 6%	약 24% 상승
1999~2001년	1% → 2.25%	약 71% 상승
2004~2006년	1% → 5.25%	약 60% 상승
2017~2018년	0.25% → 2.5%	약 24% 상승

금리만으로 경기변동을 모두 추측할 수는 없다. 다만 어느 정도 예측하는 것이 무엇보다 중요하다. 또 주식이 지닌 리스크를 잘 알아야 한다. 주식의 리스크는 크게 2가지가 있다. 비체계적 리스크unsystematic risk와 체계적 리스크systematic risk다.

주식 리스크 2가지

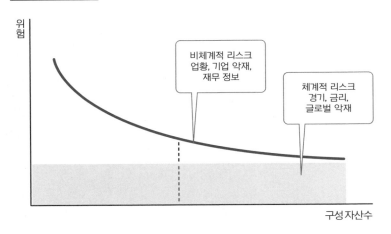

첫째, 비체계적 리스크란 해당 기업의 리스크, 즉 업황, 실적, 기업 관련 정보 등이다. 그런데 이런 리스크는 구성 자산 수를 늘리면 줄어든다. 한 기업에 발생한 실적 악화, 업황 부진, 좋지 않은 뉴스가 시장에 노출되더라도 분산투자를 통해 구성 자산 수를 늘리면(위 그림처럼) 리스크가 줄어든다는 의미다.

예를 들어 몇 해 전 한 항공사에서 땅콩 회항 사건으로 경영진 갑질 논란이 일어나면서 이미지가 실추되고 주가가 크게 하락한 적이 있었다. 그런 좋지 않은 뉴스가 비체계적 리스크다. 만일 해당 항공사의 주식뿐만 아니라 다른 여러 종목에 분산투자했다면 당시 주가 하락으로 인한 손실을 다른 종목이 상쇄해 주었을 것이다.

반면 체계적 리스크는 시장에 있는 모든 기업에 영향을 주는 것으로 경기, 금리 또는 코로나19 팬데믹 같은 글로벌 악재를 가리킨다. 다시 말해 이런 악재가 시장에 등장하면 아무리 구성 자산 수를 늘려 분산투자를 한다고 해도 소용이 없어 위 그림처럼 리스크가 전혀 줄어들지 않는다.

금융 위기가 오고 경기가 하강하면 아무리 종목을 잘 선택하더라도 소용없다. 정도의 차이만 있을 뿐 주가는 동반 하락하기 때문이다. 특히 글로벌 금융시장의 변방인 우리나라는 더더욱 그렇다.

따라서 비체계적 위험을 피하기 위해 증권 방송을 보고 종목을 분석하고 매일 공시를 챙겨 보는 것도 중요하지만, 이는 주식 투자에서 전술에 해당하는 것으로 그보다 먼저 투자 전략을 수립하는 것이 중요하다. 아무리 종목을 잘 분석한다고 하더라도 종목의 호재는 웬만큼 확실한 것이 아니라면 경기변동에 묻히는 경우가 허다하기 때문이다.

주식 초보자 투자 프로세스

체계적 리스크 피하기	비체계적 리스크 피하기
투자 전략 수립(경기변동 파악)	투자 전술 수립(종목 분석)
지금 투자할 때인가? vs. 투자를 쉬어야 할(현금을 보유할) 때인가?	어떤 종목을 사야 하는가? vs. 어떤 종목을 팔아야 하는가?

주식 초보자들의 투자에서는 투자 시기, 즉 주식을 해야 할 때와 하지 말고 쉬어야 할 때를 가늠하는 것이 특히 더 중요하다. 경기 개선 심리가 커졌을 때 사서 경기 하락 신호가 나타나기 전에 팔고 나오는 전략을 1~2년 주기로 실행하는 단·중기 투자가 주식 초보자들에게 더 적합하다.

2021년 9월 초 필자는 한 경제신문 유튜브에 출연해서 현재 수십 퍼센트의 수익률을 기록한 주식 초보자라면 현금이란 종목으로 갈아타야 한다고 말했다가 댓글창에서 엄청나게 많은 욕을 먹은 경험이 있다. 한창 좋은데 왜 팔라고 하느냐는 반응이 많았다.

당시에는 테이퍼링(양적 완화 정책을 점진적으로 축소하는 것)과 금리 인상 등 통화정책이 원래대로 돌아가는 시나리오가 예고되어 있었는데도 주식시장에 이미 알려진 악재는 악재가 아닐 것이라며 경고를 무시하는 사람이 많았다.

물론 일찍부터 예고된 악재가 시장에서 무시되는 경우도 종종 있지만 코로나19 팬데믹 이후 지수가 124%나 상승한 직후라 좀 더 신중해야 한다는 차원에서 경고를 했던 것이다. 단시간에 비싸질 대로 비싸진 시장에서는 어떤 일이 일어날지 아무도 모른다. 이는 주식시장의 역사와도 같다.

전혀 예상하지 못하는 상황에서 갑자기 늑대와 마주치는 것보다 미리 늑대가 나타난다고 여러 차례 경고를 들으면 덜 놀라

긴 할 것이다. 그렇다고 실제로 늑대가 나타났을 때 전혀 놀라지 않을 수는 없다.

따라서 주식 초보자들은 특정 종목의 정보를 파악하는 데 시간을 쓰기보다 경기순환 신호를 파악하고 실제 시장에서 벌어지는 글로벌 악재에 먼저 반응해 투자할 시기와 하지 말아야 할 시기를 전략적으로 선택하는 편이 안전하다. 다른 것은 몰라도 경기 하락 신호가 나타날 때 주식을 들고 있으면 안 된다.

그렇다면 경기 하락을 예측할 수 있는 몇 가지 체크 포인트를 살펴보자. 경제는 자연법칙이나 수학 공식처럼 딱 맞아떨어지는 것이 아니므로 "왜?"라는 질문을 던지며 벌어지는 현상을 잘 관찰하는 습관을 길러야 한다. 다음과 같은 현상이 나타난다고 무조건 경기가 하락하는 것은 아니니 개연성을 의심해봐야 할 시점이란 뜻으로 받아들이면 된다.

경기 하락 체크 포인트 ①

> 미국의 단기채권(2년)과 장기채권(10년)의 금리 차이가
> 줄어들거나 역전된다면 경기 하강을 의심하라.

상식적으로 돈을 대부할 때 짧게 빌려주는 것보다 오랜 기간 빌려주는 것이 채권자 입장에서 더 많은 리스크를 부담하는 것이므로 당연히 더 많은 이자를 받아야 한다. 따라서 평상시라

면 미국 국채 2년짜리보다 미국 국채 10년짜리 채권 금리가 더 높다.

그런데 이런 상황에서 두 채권의 금리 차이가 줄어들거나 심지어 역전되는 경우가 간혹 있다. 그동안은 이런 현상이 나타난 후 경기가 하강하는 일이 많았다. 단기채권 금리가 너무 빨리 올라가는 경우와 장기채권 금리가 너무 빨리 하락하는 경우라고 볼 수 있는데, 이것이 어떤 의미일까?

미국 국채 2년·10년물 금리 추이

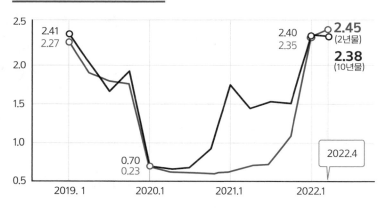

우선 단기채권 금리는 연준 같은 중앙은행이 기준금리를 올리거나 앞으로 빠른 시일 내에 올릴 것이 예상되는 경우 이걸 선반영해 시장에서 빠르게 올라가는 현상이 나타난다. 2022년 3월에도 이런 현상이 있었는데 최근 강해지는 인플레이션의 압

력에 대응하기 위해 연준에서 미국의 기준금리 인상을 서두르는 듯한 발언이 계속 나오자 시장이 이것을 빠르게 반영한 것이다.

반면 미국 국채 10년물의 채권 금리가 낮아지는 이유는 금리 인상에도 미래 경기가 지금보다 좋지 않을 것이란 예상이 많아져서 수익률이 낮더라도 안전자산으로 통하는 미국 국채 10년짜리에 돈이 몰리기 때문이다. 당연하게도 10년 채권에 돈이 몰리면 채권 가격은 경쟁적으로 올라가고 대신 이자율은 낮아진다.

채권의 가격과 이자율은 반비례한다. 채권 가격과 이자율이 반대로 움직인다는 것은 채권을 발행하는 주체, 즉 돈을 빌리는 미국 정부 입장에서 서로 돈을 빌려주겠다고(채권을 서로 사겠다고) 하면 자연히 높은 이자를 줄 이유가 사라지는 것이다.

기억하라. 2년물 채권 금리와 10년물 채권 금리의 차이(스프레드)가 좁아지면 경기의 침체를 예고하는 시그널이다.

경기 하락 체크 포인트 ②

국채와 회사채의 금리가 벌어진다면
경기 하강을 의심하라.

돈을 빌려주는 사람 입장에서(채권을 사는 사람 입장에서) 국채를 산다는 것은 정부를 대상으로 돈을 빌려주는 것이고, 회사채를 산다는 것은 기업을 대상으로 돈을 빌려주는 것이므로 돈을 떼일 확률이 다르다. 당연히 리스크 낮은 국채가 위험비용이 적기 때문에 채권 금리가 더 낮다.

반면 회사채 금리는 국채에 비해 높다. 하지만 이 격차가 점점 커지고 있다면 시중의 자금이 안전자산으로 쏠리고 있다는 말인데, 이는 경기 하락 신호로 해석되기 때문에 주기적 간격으로 확인해볼 필요가 있다.

장기 국채(10년)와 회사채(AA-, 3년) 금리 추이

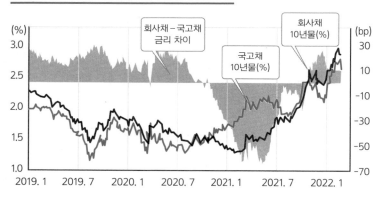

경기 하락 체크 포인트 ③

> 국제 원자재와 원유 가격이 지속적으로 하락한다면
> 경기 하락을 의심하라.

미래에 경기가 상승한다면 기업들은 투자에 나서고, 그에 따라 원자재나 원유에 대한 수요가 미리 증가하면서 가격이 상승한다. 그러니 반대로 원자재와 원유 같은 생산 자원에 대한 수요가 줄어들면서 가격이 하락한다면, 미래에 경기가 급격히 꺾이거나 서서히 하락할 것이란 예상이 가능하다.

하지만 최근(2022년)의 원자재 가격 상승을 경기 개선 신호로 봐서는 곤란하다. 이러한 가격 상승은 기업들이 미래의 경기를 낙관해 원자재를 확보하기 위해 선제적으로 수요를 높여서 발생하는 게 아니라, 전쟁과 팬데믹으로 인한 공급망의 문제로 발생하는 것이므로 이와는 성격이 다르다.

경기 하락 체크 포인트 ④

> 기준금리 인상기에 속도 조절에 관한 내용을 언급하기 시작하면
> 경기 하락을 의심하라.

보통 금리는 경기회복을 예상하고 선행적으로 실시하거나 급격한 인플레이션을 방지하기 위해 단기 금리를 움직여서 시장 금리를 조절하는 중앙은행의 정책 수단이다. 따라서 금리 인상 계획은 시장에 아주 일찍부터 예고하는데, 만일 고용이나 실물 경제에 좋지 않은 신호가 감지되면 금리 인상 속도를 조절하는 경우가 있다.

원래 계획대로 금리를 올리지 못하고 나빠지는 경기를 감안해 속도를 조절하는 것이다. 더욱이 경기회복 속도가 더딘 정도를 넘어서 경기 하락 징후를 보이면 금리 인상을 멈춘다. 따라서 금리 인상 속도를 조절하려는 움직임이 감지되면 이것이 경기 하락으로 이어지는 것은 아닌지 의심해야 한다.

2022년 상반기에 진행된 금리 인상 로드맵은 가파르게 전개되는 소비자 물가지수 상승, 즉 인플레이션에 대응하기 위한 조치로서 경기 개선으로 인한 금리 인상과는 성격이 약간 다르다. 급격하게 퍼지는 인플레이션 공포, 즉 높아지는 기대 인플레이션 심리를 잡기 위해 금리를 올리는 것이다.

만일 시장에 퍼지는 기대 인플레이션 심리를 잡지 못한다면 실제로 훨씬 심각한 인플레이션이 생길 수 있다. 기대 인플레이션이란 경제주체들이 미래에 높은 물가 상승을 예상하는 경우를 말하는데, 이것이 올라가면 임금 협상, 주택 분양가 책정, 투자 결정 등 미래 가격을 결정하는 데 영향을 주므로 실제 인플레이션에 아주 큰 영향을 미친다.

경기 하락 체크 포인트 ⑤

> 미국의 고용 지표 부진 또는 미국 소매 판매 보고서 실적 하락 등이 지속되면 경기 하락을 의심하라.

미국 주식에 투자하는 사람들이 늘어나다 보니 언제부터인가 미국과 유럽의 금융시장 상황을 전하는 뉴스도 많아졌다. 그중에서도 미국은 세계 GDP 1위(20조 9,366억 달러)일 뿐만 아니라 달러가 세계의 기축통화로 사용되기 때문에 실물경제는 물론이고 특히 금융시장에 미치는 영향력이 실로 엄청나다.

이처럼 미국의 경기변동은 우리나라에 상당한 영향을 준다. 따라서 미국의 경제지표, 그중에서도 경기와 밀접한 관련이 있는 것들은 챙겨 보면 좋다. 물론 주식 뉴스에서 이 지표들에 대해 간단히 언급하지만, 직접 확인하고 좀 더 자세히 보는 습관을 들이면 도움이 된다. 미국의 고용 지표와 소매 판매 보고서가 바로 그것이다.

미국은 내수시장이 전체 GDP의 무려 70%나 되기 때문에 현재 고용 상황이 미래 경기에 영향을 준다. 따라서 미국에서 매월 발표되는 고용 지표는 눈여겨볼 만한 자료다. 그러나 국내에서는 경제 기사로 잠깐 언급되는 수준이기 때문에 매월 이 자료를 직접 확인하고 읽어보는 습관을 갖는다면 굉장히 유익하다. 매월 1주 차 금요일에 미국 노동통계국 사이트(https://www.bls.gov)에서 발표하는데, 구글 번역을 누르면 한국어로도 볼 수 있다.

주로 'release'라고 표시된 부분을 클릭해보면 되는데, 이는 정부의 공식적인 발표치를 말한다. 여기에는 텍스트뿐 아니라

미국 노동통계국 홈페이지

그림도 들어 있어 몇 번 보다 보면 이해하기 쉽고, 매월 표시하는 방법이 거의 유사하기 때문에 꾸준히 살펴보면 변화 추이를 수월하게 파악할 수 있다.

고용지표가 미국 경제의 미래 경기 흐름을 살펴보는 데 중요한 자료라면, 소매 판매 보고서는 구체적인 산업별 경기 흐름을 보기 위한 자료다. 현재 어떤 산업이 호조를 보이는지, 또 어떤 산업이 고전하는지 확인할 수 있는 자료라고 보면 된다. 미국의 내수 시장 중 소매 판매가 차지하는 비중은 30%에 이른다. 단, 소매 판매에서 서비스업은 제외된다.

소매 판매 보고서는 미국 상무부에서 발표하는 것으로 매월 중순 상무부 센서스국(https://www.census.gov/en.html)에서 확인 가능하다. 검색창에서 'sales for retail' 또는 'sales for food' 등 분야별 검색이 가능하다.

경기 하락 신호

① 미국 단기채권(2년)과 장기채권(10년)의 금리 차이가 줄어든다.
② 국채와 회사채의 금리가 벌어진다(스프레드 확대).
③ 국제 원자재와 원유 가격이 하락한다.
④ 기준금리 인상 속도를 조절한다.
⑤ 고용률이 하락하고 고용 지표가 부진해진다.
⑥ 미국의 소매 판매 보고서 실적이 하락한다.

③ 공부가 부족해서 투자에 실패한다?

증권회사와 주식 브로커는 여러분의 머릿속에 2가지를 심으려고 한다. 첫째는 혼란confusion이다. "내가 공부가 부족해서 투자에 실패하는구나"라는 혼란이다. 둘째는 환상fantasy이다. "만일 그때 저 주식을 샀다면 나는 엄청난 부자가 되었겠구나"라는 환상이다.

결국 주식시장은 혼란스러움을 가지고 환상을 좇는 사람으로 가득하다. 공부가 부족해 투자에 실패한다는 생각은 시장이 나에게 주입한 것이다. 과연 공부를 많이 하면 투자에 성공할 수 있을까? 결론은 간단하다. 절대 그렇지 않다.

한번 생각해보자. 대한민국에는 어떤 분야든 공부로는 어디에 내놓아도 뒤지지 않는 사람들이 많다. 경제 분야 중에서도 천재들의 학문이라고 불리는 금융공학을 전공하는 사람부터 대학의 교수, 그리고 주식 전문가라고 일컫는 수많은 사람은 주식투자에 성공하고 있을까?

그들은 왜 주식 공부를 많이 했다고 하면서 그 놀라운 투자비법으로 돈을 벌 수 있는 시장에서 조용히 혼자 투자해 돈 벌 생각은 하지 않고 굳이 개인 투자를 제한하는 증권회사에서 브로커를 하고 있을까? 투자를 통해 돈을 벌 수 있는 그 아까운 시간에 왜 유튜브나 찍고 있을까?

물론 주식에 대한 지식과 경험을 많이 쌓으면 과거의 투자 결과에 대한 분석은 좀 더 잘할 수 있을지 모른다. 하지만 앞으로의 일, 즉 오늘의 투자에서는 공부가 결코 아무런 소용도 없다.

그럼에도 많은 사람이 공부가 부족해서 투자에 실패한다고 생각한다. 그래서 오늘도 주식 책을 들여다보고 주식 방송을 보면서 아무에게나 가르쳐주지 않는 비법을 듣고 배우려 한다. 아무에게나 가르쳐주지 않는다는 그 비법을 왜 아무나 볼 수 있는 방송에서 말할까?

물론 아무것도 모르는 것이 투자에 유리하다는 말은 아니다. 하지만 주식은 공부한다고 잘할 수 있는 것이 아니다. 그럼에도 주식에 대해 공부해야만 투자를 잘할 수 있다는 생각이 지배적이어서 주식 투자에 관한 책 한두 권 정도 읽어본 사람이 대부분이다. 그렇다면 당신은 주식 투자 관련 책을 읽고 투자에 대한 생각이 명확해졌는가? 아니면 오히려 더 혼란스러워졌는가?

최정은(미혼·38세·직장인) 씨는 얼마 전 주식을 통해 단기간 큰돈을 벌 수 있다는 말을 듣고 돈을 맡겼다가 낭패를 보았다. 전 재산인 7,000만 원을 몽땅 주식에 넣었는데 결과는 마이너스 22%로 처참했고 투자 유치 수수료라는 명목으로 수익률과 별도로 200만 원 이상을 날리기도 했다. 이처럼 아무것도 모르면서 주식시장에 관심을 갖는 사람이 많은 이유는 무엇일까?

정은 씨가 투자를 하게 된 계기는 너무나도 황당하다. 문자 한 통을 받은 뒤 그것을 보낸 사람과 연락을 주고받다가 돈을 맡겼다고 하는데, 돈을 투자하게 된 결정적 동기가 무엇인지 물어봤더니 수익률 100% 이상이라는 문구였다는 것이다.

최정은 씨가 받은 문자 내용

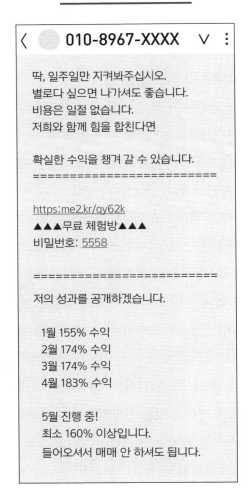

< ◯ **010-8967-XXXX** ∨ ⋮

딱, 일주일만 지켜봐주십시오.
별로다 싶으면 나가셔도 좋습니다.
비용은 일절 없습니다.
저희와 함께 힘을 합친다면

확실한 수익을 챙겨 갈 수 있습니다.
========================

https:me2.kr/qy62k
▲▲▲무료 체험방▲▲▲
비밀번호: 5558

========================
저의 성과를 공개하겠습니다.

1월 155% 수익
2월 174% 수익
3월 174% 수익
4월 183% 수익

5월 진행 중!
최소 160% 이상입니다.
들어오셔서 매매 안 하셔도 됩니다.

이런 성과를 나에게 왜 나누어준다고 할까?
이 말을 그대로 믿고 투자를 결심한다면
여러분의 돈은 절대 안전할 리 없다.

여러분이 정말 투자 공부를 한다면 절대 투자하지 말아야 하는 상황부터 명확히 인지해야 한다. 그렇다면 공부를 제대로 한 것이다. 하지만 공부를 하고 어떤 결과를 얻었는가? 모든 것이 명확해졌는가? 오히려 혼란스러워졌을 가능성이 높다. 만일 주식 투자 관련 책을 읽고 투자에 대해 명확해졌다면 오히려 큰일이다.

책 한두 권 읽고 확실한 원칙이나 신념이 생길 수 없는 것이 주식이란 세계다. 만일 생겼다고 생각했다면 잘못된 생각일 것이다. 투자 세계에서 잘못된 신념만큼 위험한 것은 없다. 주식 투자의 세계는 특정 법칙이나 원칙을 정해놓기에는 너무나도 불확실하다. 그 불확실성을 인정하는 편이 오히려 좀 더 안전할지도 모른다.

미국 어느 대학의 경영학과 교수가 조교와 함께 캠퍼스를 산책하고 있었다. 그런데 갑자기 조교가 먼발치에서 100달러짜리 지폐를 발견하고는 이렇게 외쳤다.

"교수님! 저기 100달러짜리 지폐가 떨어져 있어요! 얼른 가서 주워 오겠습니다."

그러자 교수는 조교의 팔을 잡으며 이렇게 말했다.

"저 종이는 절대 100달러짜리 지폐일 리 없으니 괜히 헛수고 말게나."

조교는 교수의 만류에도 지폐가 떨어진 곳까지 한걸음에 달려가 확인해보았다. 하지만 교수의 말처럼 그것은 100달러짜리가 아니라 지폐 모양의 광고 홍보물이었다. 조교는 교수님에게 물었다.

"교수님은 저것이 100달러짜리 지폐가 아니란 것을 어떻게 확신하셨나요?"

교수는 웃으며 대답했다.

"만일 그것이 진짜 100달러짜리 지폐였다면 자네가 발견할 때까지 거기에 있을 리 없지 않은가?"

그렇다. 이 세상에 눈먼 돈은 없다. 아무런 노력 없이 큰 대가를 얻을 일은 없다는 뜻이다.

2013년 노벨 경제학상 수상자 유진 파마 교수는 자본시장의 실증적 연구를 통해 시장 기능이 정상적으로 작동한다면 자본주의 경제에서는 가격이 시장에 존재하는 이용 가능한 모든 정보를 충분히, 즉각적으로 반영하므로 정보의 이용만으로 누군가 시장의 평균 수익률보다 초과되는 이익을 거둘 수 없다는 '효율적 시장 가설'을 세웠다.

어디까지나 가설이기는 하지만 주식시장처럼 정보가 자유롭게 교환되는 시장에서는 실제로 적용된다고 봐야 한다. 여기서 이용 가능한 정보란 내부자만 아는 비밀스러운 정보가 아니라 일반적인 정보, 예를 들어 기업의 공시나 수익 관련 회계 정보(과거의 주가 자료, 보고된 기업의 회계 자료, 증권 관계 기관의 투자 자료와 공시 자료 등)를 말한다. 결국 주식시장에서 이런 기업 정보는 이미 가격에 반영된 것이다. 특히 주식시장은 준강형 이상의 높은 시장 효율성이란 특징을 띠기 때문에 정보를 가지고 시장보다 더 높은 수익을 내기는 더더욱 불가능하다.

누군가 당신에게 귓속말로 "너한테만 알려주는 정보인데, 이제 곧 호재가 발표될 거야"라고 말해주었다면 뻔한 이야기라고 생각하는 한편, 그래도 혹시나 해서 순간 마음이 흔들릴 수도 있을 것이다. 하지만 그 정보는 이미 수만 명이 알고 있을 게 틀림없다. 그것이 정말로 비밀스러운 정보라면 당신에게까지 전해지지 않았을 것이다.

여러분이 주식 투자를 더 잘하기 위해 주식 투자 관련 책을 열심히 보고 공부했다고 가정해보자. 물론 과거의 경험과 지식을 통해 배우는 것도 있다. 예컨대 어떤 산업에 어떤 특징을 지닌 기업의 전망이 좋은지, 또는 주당 순이익의 증가율이 어떤 흐름을 보이는 기업이 유망한지, 또 오를 만한 종목을 고르는 방법은 무엇인지 등 배울 점이 많다.

그렇다면 당신이 방금 책을 보고 배운 그 지식과 정보를 활용해 유망한 종목을 발굴할 수 있을까? 만일 그 경험과 지식을 바탕으로 그런 투자 종목을 골랐다면 돈을 벌 수 있을까? 시장이 과연 그것도 모를까? 당신이 책을 통해 배운 지식과 정보를 시장만 몰라서 그 주식을 저평가 상태 그대로 내버려두었을까?

유진 파마 교수가 말하는 효율적 시장 가설은 100% 오차 없는 완벽한 이론은 아니겠지만, 과거에 비해 혁명적으로 빠른 인터넷을 통한 정보 교환 속도를 보건대 현재의 주식시장은 시장 효율성이 높은 시장임에 분명하다. 따라서 투자에 대한 공부가 과거 투자 시장을 분석하는 데는 도움이 될지 모르지만, 미래의 투자 성공을 보장하지는 않는다는 사실을 명심해야만 한다.

④ 무조건 빚부터 갚아야 한다?

가끔 젊은이들을 만나면 월급을 타서 한 달에 아주 많은 돈을 학자금 대출을 갚는 데 쏟아붓는다는 이야기를 듣는다. 본능적으로 빚을 싫어해서 빚이 있는 것 자체를 불편하게 느낀다는 것이 그 이유다. 물론 소비로 불어난 마이너스 통장을 갚을 생각도 없이 방치하면서 늘어나는 빚에 둔감한 것보다 훌륭하기는 하다.

하지만 이자율이 평균 2% 내외로 매우 낮은 대출을 너무 강박적으로 갚는 것은 문제가 있다. 벌어들이는 돈으로 투자할 수 있는 기회를 스스로 발로 차버리는 것일 수도 있기 때문이다. 물론 마땅히 투자할 곳도 없는데, 가지고만 있다 보면 써버릴 수 있으니 대출을 먼저 갚는 것도 나쁘지 않다.

하지만 학자금 대출처럼 이자율이 낮은 부채라면 약간의 비용을 지불하고 연기시켰다가 10년 후에 갚으면 지금 1,000만 원보다 미래의 1,000만 원이 화폐가치로 보았을 때 훨씬 더 적은 금액이 되지 않을까?

만일 학자금 대출 이자가 2%인데 매년 인플레이션이 지금처럼 5% 가까이 발생한다면 당연히 이자 2%를 부담하더라도 원금을 늦게 갚는 것이 유리하다. 인플레이션 5%일 때 1,000만 원의 현재 가치와 10년 후 가치는 큰 차이가 있다.

10년 후 1,000만 원의 가치

$$\frac{1,000만 원}{(1+ 5\%)^{10}} = 614만 원$$

즉 지금 상환한다면 1,000만 원을 갚는 것이지만 10년 후에 상환하면 614만 원만 갚는 셈이다. 이 빚을 지금 갚지 않고 10년 후에 상환하는 것으로 미루는 데 들어가는 이자는 단순 계산으로 20만 원, 200여 만 원에 불과하니 당연히 이런 빚은 갚는 것만이 능사는 아니다.

우선 빚은 무조건 빨리 갚아야 한다는 상식의 잘못된 점이 무엇인지 살펴보자. 다른 사람에게 빌린 돈을 보통은 부채라고 하는데, 부채라도 다 같은 부채가 아니다. 부채도 몇 가지 기준으로 구분해서 생각해야 한다.

첫째는 빌린 돈의 원금이 보전되는지 여부다. 예를 들어 여행을 과하게 다녀와 생긴 마이너스 통장의 대출은 이미 소비해서 없어진 것이니 원금이 사라진 것이다. 하지만 주택 담보대출이나 전세 자금 대출은 대출 원금이 사라지지 않고 보전된다.

원금이 사라지는 채무를 좀 더 악성 채무라고 생각하고 경계해야 한다. 학자금 대출도 소비되어 사라진 것이다. 하지만 학자금 대출은 굳이 변명하자면 덕분에 학교를 졸업해 학위가 생김으로써 경제활동의 밑거름이 되었다고 할 수 있다.

둘째는 빌린 돈이 자산 증식에 도움이 되는지 여부다. 예를 들어 주택 담보대출은 미래에 주택 가격이 오르면 본인의 자산 증식에 직접 도움이 되기 때문에 대출이지만 좋은 채무다. 이런 자산 증식에 도움이 되는 것은 보통 레버리지leverage라고 해서 어느 정도 유지하는 것이 유리하다. 반면 전세 자금 대출의 경우 원금은 보전되지만 미래 자산 증식에는 도움이 되지 않는다.

셋째는 빌린 돈의 이자가 고비용인지 여부다. 당연히 저비용이라면 좋지만 고비용이라면 우선 갚아야 할 대상이다.

결론은 무작정 강박적으로 빚을 갚기보다는 원금이 보장되지 않는 소비성 채무, 고비용, 자산 증식 레버리지 효과가 없는 빚부터 갚아야 한다. 만일 레버리지 효과가 있는 저비용 채무를 지나치게 빨리 갚는다면 투자 효과는 사라진다. 내가 운용하는 투자 금액은 내 돈에 내가 빌린 레버리지를 더한 개념이기 때문이다.

물론 남는 돈으로 저축이나 투자를 하지 않으면서 대출을 갚지 않는 것은 문제다. 하지만 열심히 저축과 투자를 한다는 가정하에서는 무조건 대출을 갚기보다 다음 순서로 빚을 갚는 것이 좋다.

빚을 갚는 순서

	비고	원금 보전 여부	저이자	레버리지 효과
1순위	신용·마이너스 대출	×	×	×
2순위	전세 자금 대출	○	○	×
3순위	사업 자금 대출	△	×	○
4순위	학자금 대출	×	○	○
5순위	주택 담보대출	○	○	○

⑤ 파이어족이 되려면 노후 자금 최소 5억~10억 원은 있어야 한다?

요즘 2030세대의 직업 선택 기준에 반드시 포함되는 조건이 바로 '워라밸(워크 라이프 밸런스)'이다. 높은 소득도 중요하지만 그 무엇보다 일과 여가 생활의 밸런스를 중요시한다. 여기서 말하는 라이프는 워크와 상반되는 개념으로 일 외에 자신만을 위한 시간, 즉 휴식, 취미, 운동, 자기 계발 등 다양한 활동을 포함한다.

휴식이란 인생에서 빠져서는 안 되는 것이며, 잘 쉬어야 잘 일할 수 있다. 그래서 최근에는 '파이어족'이라고 해서 좀 더 빨리 일에서 해방되고 싶어 하는 사람들이 늘어나고 있다. 파이어(경제적 자립과 조기 은퇴)를 선망하면서 30~40대에 일찍 은퇴하려는 것이다. 도대체 얼마나 성공해야만 30~40대에 은퇴할 수 있을까?

그런데 사회생활을 성공적으로 마치고 정년퇴직한 은퇴 생활자들에게 노후 생활에서 가장 힘든 점이 무엇이냐는 질문을 던지면 아이러니하게도 일을 하지 않는 것이라고 대답한다. 2030세대가 그토록 벗어나고 싶어 하는 일이 은퇴 후 경제적으로 안정된 노후를 보내는 사람들에게는 가장 원하는 것이라니 정말 이상한 일이 아닐 수 없다. 그 말은 결국 라이프에는 휴식, 취미, 운동, 자기 계발뿐만 아니라 엄연히 '일'이란 것도 있다는 뜻이다. 따라서 진정한 행복에 일이 빠져서는 안 된다.

다만 지금 젊은 세대는 직장에 다니거나 자신의 일을 한다고 해도 완전히 자리를 잡은 상태가 아닐 가능성이 높으니 힘들 것이고, 아직은 생계형 경제활동일 테니 때로 일의 무게감이 크게 다가오는 것도 당연하다.

이 세상에서 가장 힘든 일은 바로 '먹고살려고 하는 일'이라는 말이 있다. 어쩔 수 없이 돈을 벌 수밖에 없으니까 하는 일은 힘들기 마련이다. 하지만 노후에도 생계형 경제활동이 아닌 사회에 기여하고 참여하는 자아실현형 경제활동을 한다면 그것만큼 보람차고 행복한 것이 없다.

파이어족이라고 언론에 소개되어 성공 스토리가 널리 알려진 사람들을 잘 들여다보면 실제로 일에서 은퇴한 이들이 아니다. 어쩌다 큰돈을 벌어 직장을 그만두고 강연을 하거나, 유튜버 또는 인플루언서로서 여러분을 만났을 것이다.

이런 사람들은 정말 은퇴를 한 것이 아니라 누군가에게 고용되어 일하지 않고 자신이 일하고 싶은 때 일하는 자유를 얻은 것이다. 따라서 무작정 파이어족을 선망하기보다 자신의 일을 좋아할 수 있는 수준으로 바꾸고, 궁극에는 자신이 좋아하는 일로 전환하는 것을 성공의 기준으로 삼아야 한다는 점을 꼭 명심하자.

많은 사람은 본인이 은퇴하기까지 앞으로 20년 또는 30년이 남았으며 노후 자금으로 5억 원 또는 10억 원은 있어야 한다고 생각한다. 그런데 이건 잘못된 상식이다. 노후에는 노후 자금이 필요한 게 아니라 노후 소득이 필요하다.

30년 후 10억 원은 물론 큰돈이다. 인플레이션을 5%로 가정했을 때 30년 후 10억 원의 현재 가치는 얼마나 될까?

인플레이션 5%일 때 30년 후 10억 원의 현재 가치

$$\frac{10억 원}{(1+0.03)^{30}} = 2억 3,000만 원$$

지금 돈으로 불과 2억 3,000만 원이다. 이처럼 노후 자금을 마련한다는 개념으로 노후를 준비해선 안 된다. 그렇다면 어떻게 해야 할까? 현재 가치로 월 얼마의 생활비를 준비해야 할까?

노후에는 지금보다 생활비가 훨씬 더 많이 들어간다. 물론 현재 생활비에서 자녀 교육비나 대출이자 등은 사라질 것이다. 그러니 나를 위해 쓰는 순수 생활비를 기준으로 최소 1.5배에서 많게는 2배까지 생각해야 한다. 우리나라는 OECD 국가 중 노인 빈곤율이 높은 편인 데다 앞으로는 지금의 70~80세 이상 노인들처럼 적은 생계 비용으로 살아갈 수 없다. 인터넷, 스마트폰, OTT, 외식과 배달, 쇼핑은 물론 기본적인 문화생활이 필요하기 때문이다.

현실적으로 지금은 월요일부터 금요일까지 일하면서 주말에만 여가 생활을 하지만 노후에는 이와 달리 하루 이틀 정도만 제외하면 거의 5일이 여가 시간이다. 따라서 지금의 생활수준을 그대로 유지하려면 당연히 돈이 더 필요하다. 그러므로 노후 자금이 아닌 노후 소득을 어떻게 만들까 고민해야 한다.

올바른 노후 준비를 위해 알아야 할 3가지

① 노후에 적은 소득이라도 올릴 수 있는 자신만의 일을 찾아야 한다.
② 공적 연금, 퇴직금, 퇴직연금이 노후에 일정한 소득을 안겨줄 수 있다.
③ 상가, 건물보다 주택을 통한 임대소득이 더 안정적이다.

노후 준비 개념이 소득으로 바뀌면 많은 사람이 새로운 취미를 소득과 연결할 방법은 없는지 고민할 것이다. 바리스타 자격증을 따서 카페를 운영해볼까, 아니면 내가 가진 특기로 창업을 해볼까라는 생각은 매우 현실적이고 좋은 고민이다. 노후란 목돈으로 해결할 수 있는 문제가 아니기 때문이다. 여러분도 은퇴하는 시점까지 이런 건설적인 노후 소득 마련 방안을 생각해보길 바란다.

⑥ 노후에는 임대 소득이 최고다?

요즘 우스갯소리 중 듣고 나서 뒷맛이 씁쓸했던 말이 있다. 초등학생들에게 장래 희망을 물어보면 한때는 아이돌, 유튜버가 많았는데 최근에는 그것도 힘들다고 생각하는지 3위가 연예인, 2위가 건물주라고 한다. 건물주가 장래 희망 2위라니, 웃어야 할지…. 물론 과장된 부분이 있겠지만 실제로 그런 당돌한 대답을 하는 어린 친구들이 많다. 그럼 1위는 무엇일까? 바로 건물을 가진 연예인이다.

실제로 필자가 멘토링을 진행한 많은 젊은 직장인 중에도 자신의 꿈이 건물주라고 말하는 사람이 종종 있다. 대형 빌딩까지는 아니더라도 작은 복합 상가 건물 같은 것을 소유해서 임대 소득을 받는 게 목표라는 것이다. 그렇다면 왜 이처럼 건물주를 선망하게 되었을까?

아마도 건물주라는 존재가 근로소득, 그러니까 몸을 움직여서 돈을 버는 것과 반대 개념이라고 생각하기 때문일 것이다. 건물주는 손 하나 까닥 안 하고 들어오는 임대 소득으로 편하게 불로소득을 얻는다고 생각하는 것이다.

혹시 이 말을 실제 건물주, 그러니까 부동산 임대업자들이 듣는다면 억울해할지 모르겠다. 부동산 임대업도 사실은 만만치 않다. 부동산이 겉보기처럼 그렇게 쉽게 굴러가는 것은 아니기 때문이다.

건물주는 여러 가지 관리 위험과 싸워야 하고 유지·보수에 시간과 비용을 들이며 나름대로 신경을 많이 쓴다. 특히 그들은 공실의 위험과 가장 치열하게 싸운다. 관리를 조금만 소홀히 해도 타 건물과의 치열한 경쟁에서 지고, 이는 그대로 손실로 이어지기 때문이다.

최근 서울의 4대 상권에는 공실률이 급증하고 있다. 강남, 건

대와 홍대 주변, 명동 대형 상권에서 1층조차 비어 있는 건물을 심심치 않게 발견할 수 있다. 중심 상권이 이렇다면 그 외 상가 건물의 사정은 더욱 심각할 거라는 예상이 가능하다. 이렇게 상가에 공실이 많아지는 이유는 무엇일까?

코로나19라는 특수한 상황이 아니더라도 지난 10년간 거의 모든 분야에서 오프라인 매장, 즉 리테일 시장의 매출은 급락했다. 반면 모바일을 기반으로 한 온라인 판매 시장은 급격한 매출 신장을 거듭하고 있다. 이제 거의 모든 물건을 모바일로 구입한다는 의미다.

솔직히 밥 먹고 커피 마시는 가게 외에 오프라인 상점이 설 자리는 없다. 이런 트렌드는 일시적 유행처럼 한번 번졌다가 사라질 현상은 아니며, 메타버스라는 새로운 시공간 개념과 더해져 더욱 가속화할 것이 분명하다. 그런데 건물주를 꿈꾼다는 것이 과연 타당할까?

물론 한 달 생활비가 1,000만 원 필요한데 임대료로 5,000만 원이 들어오는 큰 건물을 가지고 있다면 공실이 생기더라도 큰 문제가 없다. 하지만 생활비가 모두 상가에서 나온다면 매우 불안정한 노후가 될 것이다.

앞서 배운 대로 미래에도 저성장이 지속된다면 자산 가격은 월 현금 흐름의 크기보다 현금 흐름의 안정성에 더 영향받게 된다. 그런데 상가와 건물의 미래는 어떤가?

물론 살아남는 상가 건물도 있겠지만 전반적으로 상가 건물의 미래는 암울하다. 상가 건물에서 나오는 현금 흐름은 변동성이 매우 크기 때문이다. 따라서 임대 소득을 올리려면 주택을 선택해야 한다. 주택은 상가 건물과 달리 현금 흐름이 매우 안정적이기 때문이다. 노후 준비에서 가장 중요한 것이 바로 안정적인 현금 흐름이다.

노후 소득을 준비할 때 하나가 아닌 여러 자산에서 현금 흐름이 발생하도록 설계하는 것이 중요한 이유는 바로 여기에 있다.

노후 소득 월 500만 원이 필요한 경우 소득 분배

국민연금	100만 원
퇴직연금	100만 원
주택 임대 소득	150만 원
기타 소득(봉사 활동 또는 사회 참여, 자아실현형 경제활동)	150만 원

이런 식으로 나눠서 소득을 만드는 것이 가장 바람직하다. 혹시 주택을 포기하고 건물에 올인한다면 미래 현금 흐름이 매우 가변적이라 골칫거리가 될 수도 있음을 명심해야 한다.

머니 트레이너의 한마디

노후 준비는 연금과 임대 소득만이 전부가 아니다. 어쩌면 더 중요한 것은 어떤 사회 활동을 누릴지, 또 어떤 경제활동을 할지 준비하는 것이다.

퍼펙트 스톰도
언젠가는 지나갈 것이다

경제학에서는 위기를 보통 폭풍에 비유하곤 하는데, 특히 여러 가지 문제가 한꺼번에 복합적으로 발생하는 것을 퍼펙트 스톰 perfect storm이라고 한다. 이 글을 쓰고 있는 지금은 고금리, 고환율, 고물가 시기이니 말 그대로 태풍급 위기 상황이다. 하지만 이 또한 언젠가는 지나갈 것이다. 다만 이 태풍이 지나고 난 후 다시 맑은 하늘을 볼 수 있길 기대할 뿐이다.

앞으로는 막연한 기대감에 편승해 단박에 돈을 뻥튀기하려는 사람들로 넘쳐나는 사회가 아니라 땀 흘려 일하고 열심히 저축하면 오랜 시간이 걸리더라도 내 집 마련을 이룰 수 있는 세상, 단시간에 고수익을 좇는 인스턴트 재테크가 아니라 시간과 노력을 더해 한 땀 한 땀 자산을 키워나가는 사람이 많은 세상, 주식과 코인에 마음을 빼앗기지 않고도 충분히 답을 찾을 수 있는 세상, 또 그런 경제 여건과 상황이 되기를 간절히 바란다.

우리는 이제 다시 기다림을 배워야 한다. 고난의 터널을 지나면서 배운 것들을 잊지 않기 위해서라도 가장 중요한 기본을 되찾고 그것에 집중해야 한다. 하루아침에 기적적으로, 또 드라마틱하게 이루어지는 것은 이 세상에 단 하나도 없다. 이런 진리를 꼭 나이 들어서 배우는 게 아니라 일찍부터 깨닫고 실천하며 살아가는 젊은이가 많아지길 간절히 바란다. 늘 이야기하지만 모든 것에는 시간이 필요하고, 확실한 것은 어디에도 없다.

오직 모든 게 불확실하다는 사실 하나만 확실할 뿐이다. 하지만 불확실하다는 것은 미래가 아직 정해지지 않았다는 뜻이므로 또 다른 희망이기도 하다. 우리가 다시 기본으로 돌아가 새롭게 시작한다면 미래를 충분히 바꿀 수 있다.

마지막으로 언제나 응원을 아끼지 않는 아내와 아들딸, 늘 기도해주시는 어머니와 누나, 물심양면으로 도와주시는 전홍범 매니저님, 그리고 책을 쓸 때마다 새롭게 능력을 부어주시는 하나님께 감사를 드린다.

김 경 필 의

오늘은 판테크

내일은 플렉스

"우리 앞에 놓인 인플레이션은 절대 극복할 수 없는 넘사벽 레벨의 에베레스트 같은 산은 아니다. 하지만 트레이닝복 바람에 운동화를 구겨 신고 가볍게 넘을 수 있는 동네 뒷산이 아닌 것만은 분명하다. 우리는 당분간 허리띠의 구멍 한 칸을 쭉 잡아당겨 졸라맨다는 마음으로, 신발 끈도 다시금 질끈 동여맨다는 마음으로 이러한 위기를 넘어설 각오를 해야 한다.

나 혼자 간다면 무척이나 길고 힘들겠지만, 우리 모두가 함께 걸어가야 할 길이다. 내일의 플렉스를 위해 오늘의 플렉스를 잠시 내려놓아야 한다. 그리고 짠테크, 아니 현명한 돈 관리가 불가피하다. 아울러 무엇보다 경제관념을 바로 세우는 시간이 필요하다. 바로 그것을 위해 이 책을 썼다."